JUCIMAR CARDOSO

TU C'EST UN SUCCÈS

2020

Livre: VOUS ÊTES UN SUCCÈS

 Auteur: Jucimar Cardoso

Broché: 134 pages

Editeur: Independently Published

Date de publication: 21 novembre 2020

ISBN-10: ISBN-13:

Dimensions du livre: 15,2 x 0,6 x 22,9 cm

SOMMAIRE

INTRODUCTION

Le livre que vous réussissez aura un impact sur votre vie, changera votre façon de penser et d'agir, vous transformera en une meilleure personne et vous montrera que vous êtes plus capable que vous ne le pensez. Le succès réside en vous, réveillez le gagnant en vous. N'oubliez pas que l'avenir est pour vous et que vous pouvez avoir plus que vous ne le pensez si vous faites plus d'efforts, avec plus de détermination et de détermination. Commencez à chercher et à avoir plus dans votre vie que ce que vous avez déjà. Croyez que vous avez le pouvoir de conquérir, de réaliser et d'avoir tout ce que vous voulez. Si vous avez eu plus de défaites que de victoires jusqu'à présent, c'est parce que votre esprit de vainqueur est encore endormi, mais il est temps de réveiller le vainqueur en vous, afin de réussir. Afin d'éveiller le gagnant en vous, améliorez votre potentiel, concentrez-vous sur la réussite et restez proche des personnes qui croient en votre réussite. Quel est ton rêve? Quel est votre but dans la vie? Ne vous privez pas de vous battre pour ce que vous voulez, commencez à dépasser vos limites qui sont des barrières à surmonter et à ne pas vous éloigner de vos conquêtes, ayez de la personnalité et n'abandonnez pas pour aucune raison de vos rêves. Aller tout droit. Les gens vivent comme s'ils étaient "Super Man" et "Wonder Woman", comme s'ils étaient immortels, mais plus ou moins de jours seront collectés, les plans et les rêves seront enterrés ensemble, donc si vous avez quelque chose pour faire la journée parfaite, c'est aujourd'hui, le moment propice pour faire quelque chose pour une vie meilleure est maintenant, car demain ne nous appartient pas, ce n'est plus à nous de reporter rêves et projets, valeur qui vous manque, car après le départ, aucune envie ne vous ramènera quelqu'un, aussi spécial soit-il, vit aujourd'hui comme si demain n'existait pas, car dans le souffle de la vie un «au revoir» peut être un dernier adieu que tu as fait à quelqu'un sans le savoir, alors aime plus ceux qui t'aiment et arrêtez de vivre avec des gens et des situations qui ne vous font pas du bien, car la vie est une boîte de surprises et vous devez vous voir comme un bijou rare que le créateur de l'univers a créé pour briller, être heureux et réaliser tout ce que vous voulez. Lève-toi et pars! Gagnez et réussissez dans la vie.

CHAPITRE 01

RELATION

Soutenez ceux qui vivent avec vous, les rêves doivent être partagés et la victoire et le succès sont plus faciles à réaliser, car sans votre soutien la relation peut s'épuiser et progressivement vous vous rendrez compte de cet intérêt pour vous, celui que vous aimez, est secoué et n'est plus le même. Ne négligez pas parfois le travail peut vous éloigner de l'être cher, et lorsque vous vous réveillez la distance aura déjà mis fin à votre relation, essayez de soutenir et de vivre avec quelqu'un qui vous soutient et qui croit en votre potentiel, soyez à côté de quelqu'un qui faites-vous sentir spécial et digne du rêve dont vous rêvez. Il y a de plus en plus de couples qui ne s'aiment pas, ne vivent ensemble que par commodité, et des gens qui sont faits l'un pour l'autre, et qui sont séparés, de peur de faire ce que le cœur leur dit de faire. Parfois, les gens se sentent à l'aise et continuent de faire ce qu'ils n'aiment pas, la zone de confort les empêche de prendre des risques et d'avoir la vie digne qu'ils aimeraient et méritent.

Les gens savent qu'ils vivent des relations totalement épuisées, mais à cause des apparences ou parce qu'ils ne veulent pas partager ce qu'ils ont, ils continuent de vivre un véritable enfer de relations, de combats et d'offenses, de manque de respect, car lorsque l'affection pour l'autre cesse d'exister, tout s'arrête et commence l'intolérance prévaut et l'un ne soutient plus l'autre.

Dès lors, le couple commence à se défouler auprès de ses amis et collègues sur le fait que la relation ne va pas bien, mais personne ne prend l'initiative de se séparer, car chacun veut laisser la relation au sommet, en tant que victime, essayant de rejeter le blâme de la fin de la relation sur l'autre. cependant, lorsqu'une relation amoureuse ou même une amitié s'épuise, les deux sont coupables, soit d'avoir engendré un conflit, soit d'être silencieux et d'avoir laissé le manque de respect prendre le dessus sur la relation.

Pour qu'une relation soit saine, il ne suffit pas d'aimer ou de donner des cadeaux pour combler le manque d'attention, ou de passer plus de temps avec le partenaire. Avec les combats, la distance entre l'un et l'autre augmente et l'amour se refroidit jusqu'à ce qu'il s'éteigne, de plus en plus nous vivons des relations jetables et futiles, certains restent dans la relation pour la beauté, d'autres pour de l'argent et restent dans la relation jusqu'au moment où elle convient. Quand ils voient que la beauté est terminée et que l'autre voit qu'ils ont déjà assez d'argent pour sortir de la relation, alors oui, ils créent du courage et décident de se séparer. La plupart des gens vivent un faux amour et veulent montrer à la société que le couple est parfait, mais augmentent ainsi leur angoisse et leur tristesse, générant une dépression pour vivre une relation totalement nuisible et indésirable.

Parfois, le sentiment de jalousie est lié au sentiment caché d'une personne possessive, au sentiment que l'autre est sa possession, et il ne peut pas avoir d'amitiés et parler à d'autres personnes. Si dans une relation vous devez abandonner vos amis, pour un faux amour, sachez que cette relation n'est pas bonne et que la personne vous a comme possession, pas comme partenaire pour la vie, et pour surmonter les bons et les mauvais moments de la vie ensemble. Certains couples se séparent dans la première difficulté, car ils ne sont pas assez mûrs, pour surmonter les adversités qui surviennent lors de la coexistence dans toutes les relations ensemble.

Au début, la flamme de la passion semble être éternelle, mais avec le temps, elle se détériore avec des désaccords, des luttes pour la jalousie et d'autres raisons non pertinentes. Une personne qui ne peut être heureuse avec elle-même ne sera jamais heureuse avec aucun partenaire, car elle aura de l'amertume dans son esprit.

Soyez un compagnon constructif, qui motive l'autre à renforcer votre relation, soyez toujours affectueux, faites des surprises de temps en temps, montrez toujours que l'autre est une personne spéciale, et non un dos, un karma dans votre vie, car la joie de l'un doit infecter l'autre et faire du couple plus que des partenaires, ils doivent être des amants éternels, chercher la conquête quotidienne l'un de l'autre, comme s'ils n'étaient pas mariés, car alors la flamme de l'amour ne s'éteindra pas, l'amour est comme un jardin de fleurs qui doit être arrosé tous les jours, car montrer que l'autre est important dans votre vie peut ne rien vous dire, mais cela peut être tout dans la vie de l'être cher, car après une journée de travail stressante, un geste d'affection peut quitter le partenaire Extrêmement heureux.

Soyez toujours gentil et agréable, soyez prudent avec les mots que vous dites à votre partenaire, car quelque chose dit ne sera jamais oublié, peu importe combien quelqu'un vous dit qu'il vous a pardonné, la douleur et la rancune sont gardées à vie, chaque fois que vous commettez un erreur la personne se souviendra de toutes les fois où vous l'avez maltraité et déçu, ne dormez jamais dans des pièces séparées, car tout cela contribue à ruiner la relation, après tout vous êtes des compagnons et devez avoir de la cordialité entre les deux et ne pas vous traiter comme des ennemis .

Lorsque vous préférez dormir sur le canapé ou dans une autre pièce, vous laissez dans l'inconscient de l'autre personne qu'il n'est plus très apprécié de vous, cessant d'être important dans votre vie, ne dormez jamais en colère avec votre partenaire, parlez et écoutez toujours votre partenaire, ne veut pas toujours avoir raison, quoi qu'il arrive, un couple qui s'aime, même après une dispute, ne doit jamais dormir sans se réconcilier, s'il pense que la personne ne mérite pas son pardon ou que vous ne pouvez plus vivre ensemble avec elle, il vaut mieux se séparer, car qui aime vraiment veut toujours être ensemble à tout moment.

Alors que vous méprisez votre partenaire, dans un endroit pas trop éloigné, généralement quelqu'un veut déjà avoir de la chance d'avoir sa compagnie, car depuis un certain temps il attendait une occasion de le convaincre.

Dans un moment de tristesse et de lassitude dans la relation, quelqu'un peut apparaître qui commence à valoriser et à traiter la personne avec laquelle vous vivez comme si c'était votre meilleure compagnie, pour vous, cela peut ne pas servir, mais pour une autre, cela peut être la raison de votre vie, ne pas revoir votre comportement, comme votre partenaire l'a traité, et si la relation n'est pas saine, vous pouvez avoir la désagréable surprise de la voir avec quelqu'un d'autre, qui peut parfois même être quelqu'un que vous pensiez être un ami, mais la personne avec laquelle vous vivez commencez à attirer l'attention et sachant que vous le traitez avec mépris, comme s'il s'agissait d'un objet jetable, commencez à le traiter avec dignité, respect et affection et un jour vous rentrez chez vous, vos sacs sont prêts pour que vous cherchiez un autre endroit où vivre ou elle a fait ses valises et est partie.

Alors, quoi qu'il arrive, assumez votre responsabilité dans la relation et mettez-vous à la place de l'autre, si vous avez comment reconquérir la personne que vous perdez, et que vous pensez que cela vaut toujours la peine de se battre pour l'amour de votre bien-aimé, mais jamais, en aucun cas, ne faites quoi que ce soit de mal ou de barbare contre l'autre personne.

Si vous décidez de quitter la relation, partez avec dignité et sachez que même si vous pensez qu'il y a eu trahison, ne gâchez pas votre vie en faisant des bêtises, n'ayez pas tendance à dénigrer l'image de la personne avec qui vous avez vécu, il y a des possibilités infinies pour une nouvelle relation, il y a toujours eu et toujours il y aura des gens libres à la recherche de quelqu'un pour avoir une relation saine. Ne pensez pas que la fin d'une relation est la fin du monde, au contraire cela peut être l'occasion que vous avez de prendre un nouveau départ dans votre vie. Avec le temps vient la maturité et l'expérience de vie, chaque relation qui entre et sort laisse une courbe d'apprentissage, si vous aviez la même maturité que vous avez aujourd'hui, vous n'auriez peut-être pas conclu une relation qui a fini par ne pas fonctionner, vous auriez été prudent apprendre à mieux connaître la personne, avec un plus grand potentiel d'avoir travaillé et fuirait une relation qui avait tout pour aller mal depuis le début, mais ils disent que l'amour est aveugle et nous empêche de vous voir de mauvaises attitudes et, c'est comme ça que nous faisons des erreurs seules les personnes qui sont en dehors de la relation peuvent voir, ou après avoir vécu l'expérience, il arrive à la conclusion que votre relation n'est pas seulement une question de perfection et que lorsqu'un couple commence à ne pas ressentir la joie de partager des moments ensemble, il doit parler et changer la direction de la relation ou, la relation peut aller jusqu'à la fin.

CHAPITRE 02

AYEZ CONFIANCE EN VOUS

C'est votre dévouement qui fera une différence totale dans le processus de recherche du succès ou d'obtention du succès dans ce que vous voulez réaliser, puisque nous sommes conscients que nos actions entraînent des conséquences, c'est à nous de choisir ce qui est le mieux pour nos vies, décision bon ou mauvais mènera toujours à un résultat, c'est à vous d'avoir le discernement pour savoir ce qui est le mieux pour vous, ne soyez pas affecté par ce qu'ils disent de vous, vous seul aurez le plaisir ou ressentirez la douleur de vos décisions, alors faites-le pour vous, vous devez vouloir quelque chose, ne soyez pas idiot pour vivre pour le bien des autres, vivre plus longtemps et réaliser vos rêves pour vous et pour personne d'autre.

Ne laissez pas l'opinion de quelqu'un l'emporter sur votre pleine confiance que ce que vous recherchez est possible, arrêtez de penser et commencez à regarder tout ce qui vous entoure, bâtiments, places, constructions luxueuses, qui dirait cela avant ces les travaux à construire deviendraient si grands, car tout ce qui a été construit a été fait de rien, les fondations ont été construites et les bâtiments ont été construits avec des constructions luxueuses, alors sachez que vous êtes digne d'avoir et de posséder ce que vous voulez, arrêtez de douter du vos rêves et commencez à croire que vos objectifs sont possibles, faites de votre mieux, car à l'intérieur vous vivez un champion avec des chemins pour vous conduire aux conquêtes de vos rêves, croyez en votre triomphe et récoltez les victoires que vous voulez.

Rêvez plus grand et combattez, même si le monde doute, l'important est de croire que vous pouvez avoir tout ce que vous voulez. Une attitude simple rend votre avenir différent, trouvez le bon chemin, rêvez chaque jour et commencez à accomplir, faites votre part, car votre avenir compte sur votre attitude et choisir la bonne action change votre destin, aujourd'hui cela peut être une étape importante dans votre vie. la vie, vous faites partie de l'équipe de champions que le créateur de l'univers a créée, mais la société dans laquelle vous avez vécu vous a fait rejoindre l'équipe des perdants, mais votre essence est celle d'un champion, quittez la route que vous suivez et reprenez le chemin du gagnant que vous êtes prédestiné à suivre, vous vous sentez perdu, sans but pour la simple raison que vous êtes sur une trajectoire hors de la route, faites ce qui doit être fait, réinventez-vous et revenez sur le chemin du succès que vous êtes digne de vivre, parce que votre esprit a toujours été et sera celui d'un champion, parce que le droit d'être un gagnant est dans votre ADN, peu importe les batailles auxquelles vous faites face, vous êtes digne de gagner, de conquérir et de mener à bien.

N'hésitez plus à regarder le temps passer sans vous soucier, commencez à agir immédiatement, car il y aura toujours des gens qui vous regardent. Dans le futur, quel héritage voulez-vous laisser? Et si vous n'êtes pas satisfait de ce qui se passe dans votre vie, il est grand temps de changer la direction de votre chemin et de laisser un grand héritage pour que vous soyez l'inspiration pour les amis et les parents que vous êtes ciblés et que les gens se reflètent pour être comme vous. Luttez pour votre rêve littéralement, votre passé reflète maintenant si vous voulez avoir un grand avenir et assurer votre avenir. Il est important que vous vous impliquiez et à partir de maintenant, il est temps de faire bouger le nouveau dans votre vie, faire le premier pas pour accomplir est de croire, ne laissez pas vos peurs emporter et freinez davantage l'opinion de vos objectifs et de vos rêves.

Soyez plus ferme dans les batailles jusqu'à la réalisation de vos rêves, car plus vous êtes proche, plus les gens auront envie de vous, ils essaieront de vous décourager de dire que votre rêve est impossible, ne vous laissez pas émouvoir, continuez jusqu'à ce que vous conquériez, acceptez cela La façon dont vous avez traité la réalité de votre vie ne vous a conduit qu'à des échecs et des déceptions, c'est le moment pertinent pour éveiller votre force intérieure et aller dans une autre direction, pour montrer que vous êtes capable d'accomplir.

Vous ne pouvez plus admettre les défaites de votre vie et commencer à travailler pour les victoires, vous pouvez voir les obstacles devant vous, mais la grande force à surmonter est en vous, qui a été la cause de tous les maux de votre vie, étaient vos mauvais choix et attitudes, la colonne fondamentale est la pierre sur votre chemin, qui vous empêche et la peur de prendre des risques.

Vous avez le droit d'envisager un avenir meilleur, d'avoir une large conduite pour changer votre destin de manière plus responsable et efficace, la grande étoile qui devrait briller est la vôtre, car vous êtes le propriétaire de votre destin, commencez à apprendre et à vous renforcer plus tard d'une défaite, essayez de vous améliorer jour après jour, ne perdez pas votre confiance, au contraire renforcez-vous, parce que vous êtes né pour gagner et être supérieur à vos problèmes, vous vous améliorez toujours en tant que personne, avancez, ne vous concentrez pas sur passé, restez calme dans les moments difficiles jusqu'à ce que vous obteniez de bons résultats et commencez à progresser jusqu'à ce que vous réalisiez votre rêve.

Au début, les résultats ne viendront pas facilement ni même souvent, mais lorsque vous vous améliorerez, vous commencerez à gagner un, deux et ainsi de suite, car vous serez plus vif pour la victoire, et vous aurez plus de structure et de capacité, et votre la reprogrammation sera un champion. Changez la programmation mentale de votre échec qui entrave votre succès, recherchez votre développement et commencez à programmer votre esprit pour les victoires. Programmez dans votre esprit que vous êtes capable et pouvez faire plus que ce que vous imaginez, combattez pour votre rêve, vous êtes digne de toute réalisation, voulez juste et ne périssez jamais face aux obstacles, continuez sur votre chemin pour gagner et conquérir tout ce que vous entend avoir et accomplir, sachez que c'est dans les petits détails que vous pouvez et devez transformer votre vie une fois pour toutes, vous approprier et accomplir tout ce dont vous avez toujours rêvé.

Vous êtes comme un diamant brut, prêt à être poli, conquérir et faire une nouvelle histoire, devenir un champion de votre propre vie, bienvenue, à partir de maintenant vous faites partie de l'équipe sélective de champions, car vous ne serez plus le même, votre vision et votre perspective sur la vie changeront et vous commencerez à comprendre que vous êtes l'étoile la plus importante de votre vie et que vous ne laisserez plus les autres éteindre votre luminosité ou essayer de la diminuer.

Venez et soyez le nouveau champion, car plus que vous méritez, vous êtes digne d'être le champion de votre propre vie, désormais un sentiment qui ne fait que grandir de plus en plus, que vous pouvez et réaliser, vous traverse, parce que vous êtes vraiment un champion, les rêves pour vous ne sont pas idiots, et la réalisation de vos rêves ne dépend de personne, votre destin est définitivement tracé et écrit par vous, n'étant plus affecté par l'opinion des autres ou même par un simple événement.

L'histoire ne sera pas racontée comme un conte de fées, vous rendrez votre histoire vraiment grande, car vous aurez une attitude et commencerez à ne pas vous soucier de la douleur au coude que les autres commenceront à ressentir de vous, car à chaque fois plus votre étoile brille, plus vous serez critiqué et vous commencerez à être plus envié par ceux qui vous entourent, qui prétendent être vos amis.

Mais peu veulent vraiment voir votre succès, alors ne soyez pas timide, arrêtez de baisser la tête et sentez-vous comme un perdant, maintenant vous êtes dans l'équipe de sélection qui a pris vie pour gagner, vous n'êtes pas simplement devenu un de plus, au contraire vous êtes l'un des rares à faire l'histoire et à laisser un héritage qui résonnera toute l'éternité, car vous êtes un être spécial, grand et n'êtes pas venu dans ce monde pour souffrir et être triste, allez-y et gagnez votre destin ne dépend que de toi.

Il est temps pour le tournant spectaculaire de votre vie, de passer de l'eau au vin et d'être une nouvelle personne, et d'avoir tant de bonnes choses dans votre vie si vous commencez à faire une différence maintenant, il est temps de mettre les choses en place et ayez plus d'impact dans les actions de commandement dans votre vie, car vous seul avez le droit et le devoir de changer votre histoire, d'adopter des mesures et des actions qui répondent à votre désir, de modeler votre réalité à vos désirs et de ne pas le laisser être affecté par de vives critiques qui viennent vous abattre et ne pas vous faire gagner si vous voulez réaliser un rêve, et pour que plus aucun problème ne se pose pour ne pas réaliser votre rêve, vous devez garder vos grands rêves secrets et vous commencerez à vivre une vie pleine de réalisations, changer de paradigme n'est pas facile, mais l'objectif principal est de façonner sa vie, pour un plus grand bien-être, ne condamnez pas votre avenir par manque d'action aujourd'hui, il faut agir pour que votre futur règne le succès, aujourd'hui c'est le nouveau départ dans ta vie, la douleur de gagner est nec essentiel, mais la souffrance est facultative, ne veut pas continuer à vivre pour vivre, il est temps d'accomplir de grandes choses dans sa vie, faites-le se produire et n'attendez plus que cela se produise, ceux qui attendent ne vivent pas vraiment, ceux qui se battent savent où ils veulent aller et pourquoi veulent aller de l'avant et conquérir.

Commencez à vous fixer des buts et des objectifs à atteindre au cours de la semaine, du mois et de l'année et surtout avoir un grand objectif de vie et faire de votre existence quelque chose dont on se souviendra pour toujours, beaucoup passent, mais rares sont ceux qui ont leur la signification se souvient à jamais, et en vous il y a un pouvoir de transformer vos rêves en réalité.

Plus ouvert au grand changement et à la transformation de votre vie, emportez désormais avec vous que vous êtes digne d'accomplir tout ce que vous souhaitez, soyez individualiste dans les moments qui font d'un rêve une réalité, car vos projets et vos rêves doivent toujours être gardés secrets. chacun a ses propres caractéristiques et chacun cherche un sens différent dans la vie, chacun a envie de choses différentes, mais la plupart passent leur vie à ressentir un immense vide, peuvent vivre une vie totalement différente de ce qu'ils veulent, et se sentir incomplets de ceux qui souhaitent rêver, mais il n'a rien fait pour que sa vie se réalise.

Soyez plein d'énergie, commencez à apprécier davantage votre temps, concentrez-vous sur le verre à moitié plein et laissez aller vos pensées découragées, vous n'avez pas à être fort tout le temps, mais vous avez le devoir et l'obligation de ne jamais abandonner vos rêves, quelles que soient les circonstances , la vie avancera toujours, mais essayez de ne pas laisser les mauvais problèmes résolus dans le passé et soyez reconnaissant pour tout ce que vous avez vécu et vous avez apporté des expériences, pour devenir une forteresse, ne dédaignez pas ce que vous avez déjà accompli, au contraire remerciez, même merci si peu, car alors l'univers vous ouvrira les portes de grandes conquêtes, toutes les portes qui se sont ouvertes ou fermées dans votre vie étaient entièrement de votre responsabilité, n'abandonnez pas, ayez le courage de réaliser et de transformer votre vie.

Faites de grandes choses dans votre vie, arrêtez d'être oisif, débordez de dévouement pour transformer votre vie, soyez fidèle à vos principes, une chose est sûre, l'histoire changera si vous commencez à agir et à croire, à avoir de nouvelles attitudes, à agir et réveillez-vous dans une vie d'abondance, en commençant à semer de bonnes pensées dans votre esprit et à croire davantage en votre potentiel, cessez d'avoir des pensées négatives et commencez à mieux profiter de chaque moment de votre vie, faites votre part, commencez une nouvelle marche dans votre vie, commencez à créer une nouvelle histoire pour votre vie, sentez-vous plus capable et commencez à vous valoriser et dites-vous que vous êtes un vrai succès et que vous êtes capable, commencez votre transformation intérieure et ayez plus de confiance en vous, plus que de vivre faites le vôtre l'existence vaut chaque instant.

Chaque problème a une solution, une issue, détournez l'attention de l'obscurité et concentrez-vous sur la lumière, si vous traversez une mauvaise phase ne vous découragez pas, ne désespérez pas et ne faites rien de fou, dans les moments de nervosité, l'essentiel est de rester calme, essayez de vous détendre, de vous calmer et de ne pas prendre de décisions percutantes ou hâtives, arrêtez de reporter quelque chose qui tergiverse depuis longtemps et commencez à faire une par une des choses qui traînent dans votre vie, laissez votre vie sur les rails sans attendre le passé.

Ouvrez votre vision et libérez-vous des liens du passé, ne vous en privez plus, planifiez mieux votre avenir pour agir plus abondamment dans votre vie, pour que vous ayez beaucoup de prospérité, il peut sembler que vous n'avez pas de mode de vie et conduire à une autre trajectoire .

Commencez à renforcer votre foi en le créateur de l'univers et à partir de maintenant, commencez à croire davantage en vous, c'est que le flot de l'abondance arrive à votre rencontre, et vous y allez directement, les portes qui semblent infranchissables et si vous avez confiance en le créateur de l'univers, vous ouvrirez les portes de nombreuses victoires dans votre vie, vous deviendrez la preuve vivante que le créateur de l'univers veut donner la victoire et l'abondance à la manière de tous, alors allez-y, prenez possession de ce qui est à vous et agissez, commencez maintenant et faites quelque chose pour votre vie pour sortir de la similitude et avoir une transformation totale.

CHAPITRE 03

LE SUCCÈS VOUS ATTEND

Prenez le contrôle de votre destin, que vous soyez le gouverneur qui contrôle la direction de votre vie, qui doit suivre et être le chemin de votre propre histoire, chercher l'amélioration de votre vie avec des attitudes et des actions dans lesquelles le destin ne dépend que de vous Ayez la vie dont vous avez toujours rêvé, arrêtez de déléguer ce que vous devez faire et concentrez-vous à faire de votre vie les meilleurs choix pour réaliser vos rêves, ne laissez pas vos peurs vous empêcher de les réaliser.

Sans objectif, vous succomberez au découragement et à la tristesse, il est donc nécessaire d'avoir un objectif et de rester concentré jusqu'à ce que votre rêve se réalise, pour cela il est nécessaire d'avoir de la grandeur en vous et de ne pas vous entourer de personnes médiocres, qui ne le font pas. soutenir et ne pas croire en vos rêves, s'il est nécessaire d'inverser vos défaites en victoires, n'acceptez pas les opinions qui vous découragent et vous éloigne de la voie des réalisations, si nécessaire déplacez le monde pour réaliser vos rêves, même créer votre nouveau monde à avoir la vie réussie que vous méritez.

Votre détermination vous mènera au succès, qui vous attend, car ceux qui combattent avec foi et croient en eux surmontent la barrière de l'impossible, ne laissant pas les opinions des autres affecter votre succès, car les victoires ne viendront qu'à ceux qui commencent les batailles croyant qu'ils peuvent gagner, car le succès est une question de temps pour ceux qui veulent gagner dans la vie, qui n'attendent pas quelque chose, qui y parviennent, ils diront que vous n'irez nulle part, que c'est juste un autre combat en vain pour l'un n'importe quel rêve, mais vous avez l'esprit d'un gagnant en vous et faites de chaque défaite une expérience d'apprentissage, qui vous rend plus fort et vous rend plus disposé à vous battre et à croire, à vous renouveler à chaque aube, à toujours partir à la recherche du vos objectifs avec le sentiment de pouvoir surmonter les adversités ou les obstacles qui apparaissent devant vous, car vous n'accepterez plus de défaites dans votre vie. Désormais, votre quête incessante est pour les réalisations et les réalisations, et votre vie sera très réussie.

Arrêtez de vivre une vie médiocre et commencez à vous libérer des liens du passé et à vivre intensément, recherchez vos rêves et non les rêves que la société ou vos parents vous imposent ou veulent que vous suiviez, la plupart vont à l'université qu'ils n'aiment pas, ils prennent un diplôme et ne suit pas de carrière, car ils ont fait quelque chose à faire et passeront les dernières années à vivre une vie petite et insignifiante, cherchez une direction qui donne à votre vie un sens qui, depuis l'aube, vous fait chercher quelque chose de manière intense.

Il y a des choses qui prennent des années à construire, mais juste un glissement que votre rêve peut effondrer et interrompre votre cheminement vers le succès, mais continuez d'insister et de rechercher la réalisation de votre rêve, même si vous avez déjà perdu tout ce que vous avez déjà accompli, cependant n'abandonnez plus, le sentiment de réaliser vos rêves doit être plus grand que l'échec qui vous a fait tomber, votre rêve ne doit jamais être laissé pour compte, vous ne pouvez gagner que si vous insistez pour réaliser ce que vous voulez, devenez plus fort après une défaite, ne passez pas votre vie à regretter la défaite, agissez et réagissez, soyez plus engagé à réaliser vos souhaits, peu importe combien de fois vous tombez, levez-vous et persistez à chaque fois et renforcez-vous encore plus.

Ne cherchez pas quelque chose pour le prestige ou la renommée, car le prestige et la renommée sont une chose passagère, votre héritage est déjà éternel, mais cherchez à réaliser vos désirs les plus ardents, ce qui donne un sens à votre vie et vous fait avancer quelle que soit la défaite. au premier moment, arrêtez de renoncer à quelque chose que vous voulez beaucoup et arrêtez de persister sur quelque chose que vous n'aimez pas pour plaire aux autres, il n'y a qu'une seule personne que vous devriez préférer, c'est toujours vous qui êtes la personne la plus importante de votre vie la vie.

Toutes les peurs que vous imaginez pouvoir réellement se réaliser ne se réaliseront pas, sachez que la plupart de vos peurs ne se réaliseront pas, ne laissez pas vos peurs vous paralyser et vous empêcher de conquérir vos idéaux et vos rêves, il n'y a pas de rêve impossible, il n'y a que des personnes faibles qui abandonnent leurs rêves et mettent le blâme sur les gens et les circonstances pour ne pas avoir atteint leurs objectifs et leurs rêves, acceptant la défaite comme quelque chose d'absolu qui ne peut pas être transformé en victoire, ne laissez pas vos peurs prendre le dessus vous, marchez toujours en pensant à la victoire et à la conquête, laissez votre champion briller dans les moments difficiles.

Quiconque se sent petit dans la vie n'aura dans sa réalité qu'un chemin plein de tristesse et de défaites, que ce soit comme un aigle, a une vision large et ne se laisse pas ébranler par les difficultés, se batte et surmonte ses limites, nombreux sont ceux qui sont autour d'eux avez peur du changement et devenez plus petit au cours de la vie et ne vous encouragera jamais à rechercher et à croire en de grandes réalisations, voudra vous tirer vers le bas, à un niveau de gens d'échecs et accommodés, quel que soit votre rêve, sachez que oui , qu'il est possible de se réaliser, parce que tout est possible pour celui qui croit.

Arrêtez de tergiverser et commencez à faire de votre rêve un objectif de vie et ayez la détermination de ne jamais abandonner, prenez la position de champion, dès le premier moment où vous vous réveillez et où que vous alliez, portez le sentiment d'un champion, qui vous ne vous souciez pas des difficultés, vous vous surmonterez et vous êtes là pour gagner, vous ne vous adoucirez pas et n'abandonnerez pas après des critiques destructrices et des mots négatifs qui veulent juste vous faire abandonner, ni vous ni les autres personnes n'ont une idée de votre le pouvoir réel et la taille de la capacité que vous avez, croyez qu'il est possible de transformer votre vie d'amertume en une vie pleine de joie.

Soyez prêt à gagner, soyez à l'écoute de la fréquence de la victoire, peu importe les difficultés et les pierres qui se présentent à vous, portez en vous que votre désir se réalisera, assez d'entendre que vous êtes incapable, concentrez-vous sur l'accomplissement et ne pas montrer que vous êtes meilleur que telle ou telle personne, ayez en vous que vous êtes déjà un champion, découvrez ce que vous voulez vraiment et jusqu'où vous voulez aller et restez concentré sur l'atteinte de vos objectifs, n'acceptez plus que vous êtes incapable, au contraire , vous pouvez plus que vous ne l'imaginez même, ce que les autres diront, personne ne connaît votre véritable potentiel, combattez pour vous et obtenez le succès auquel vous aspirez, car vous méritez de profiter d'une vie pleine d'abondance, parce que vous êtes digne de tout conquérir depuis le premier moment de votre existence, car personne ne naît vaincu, acceptez simplement ce que les autres disent, alors il est temps d'éveiller votre véritable essence de gagnant, allez-y et gagnez, vous êtes déjà un champion la vie.

CHAPITRE 04

RÊVE GRAND

Rêver petit ou grand sera le même travail, mais une petite réalisation ne vous fera pas pleinement réaliser, seulement si vous ne vous relevez pas de vos échecs et acceptez la défaite comme quelque chose de permanent, vous ne profiterez pas de grandes réalisations, vous ne profiterez pas de grandes réalisations qui peuvent déterminer votre place sur le «podium» de la vie, gagner ou perdre, se battre ou abandonner, est votre choix et celui de personne d'autre, car celui qui paiera toujours le prix de vos choix et décisions, c'est vous, alors arrêtez d'écouter et acceptez que vous vous ne pouvez pas faire quelque chose parce que c'est entre vos mains de réaliser vos désirs. Ceux qui ont déjà gagné dans la vie ont également subi de nombreuses défaites et ont eu des moments où ils se sentaient incapables et voulaient abandonner, mais le désir de gagner parlait plus fort et devenait le jeu de la vie de perdant à gagnant, pour les humbles aux exalté et fait. leur vie est un héritage à suivre. Soyez toujours prêt à gagner et à ne pas fuir, changez ce dont vous avez besoin et commencez à donner un sens à votre vie, ne laissez pas votre insécurité générer des doutes et votre peur vous empêche de réaliser vos rêves, vous n'avez pas gagné jusqu'à présent parce que vous ne l'avez pas vous avez trouvé le bon moyen de gagner car vous avez beaucoup de qualités et de talents, tout ce que vous voulez est possible, alors n'attendez pas, allez-y, planifiez et surmontez, dans les moments d'angoisse et d'inquiétude, vous devez rester calme, ne pas céder ou trébucher et mettez votre avenir en péril, votre destin ne dépend que de vous et de vos actions, ayez du courage et soyez toujours en contrôle de votre propre vie, plus que de faire des plans que vous devez mettre en pratique et mettre votre destin dans une nouvelle phase, car

Aussi difficile que cela puisse être, commencer est l'étape la plus importante pour changer votre vie, abandonner votre passé et devenir une nouvelle personne, avec de nouvelles habitudes et attitudes, commencer à réajuster la trajectoire que vous avez faite dans votre vie jusqu'à présent, planifier et mettre en place pratiquer une stratégie stratégie qui rend votre avenir complètement différent d'aujourd'hui, il n'est jamais trop tard pour réaliser quelque chose de grand dans votre vie.

Ayez plus de discipline et de dévouement à partir de maintenant et laissez votre vie aux échecs derrière vous, car même le peu que vous faites apportera des résultats qui vous motiveront et voudront chercher de plus en plus, et lorsque vous réaliserez que vous réaliserez plus. ne vous imaginez pas capable de beaucoup de choses auxquelles vous ne croyez même pas aujourd'hui, ayez une motivation personnelle pour vous, reconnaissez vos défauts et essayez de vous améliorer. Construisez une belle histoire dans votre vie pour vous-même, pour en profiter et avoir toujours le meilleur que ce monde a à offrir et que vous méritez d'apprécier, votre avenir sera différent si vous commencez à agir différemment à partir de maintenant, arrêtez d'agir . ne faisant que ce qui est nécessaire, ce qui n'est pas toujours suffisant pour atteindre un objectif, aller au-delà, surmonter les limites et les barrières, marcher vers la prospérité dans tous les domaines de la vie, le succès est une bataille difficile, mais c'est toujours gratifiant et essayez votre mieux vaut ne jamais être en vain. La volonté de gagner doit être votre motivation, et de continuer au-delà de vos limites, briser vos propres tabous et vous concentrer sur la victoire, rêver avant tout et avoir un esprit gagnant dès le premier moment où vous commencez à vous battre. pour votre rêve, donnez-vous chaque instant pour avoir la vie digne que vous méritez, faites chaque pas un pas vers vos réalisations, montrez-vous que vous êtes capable, commencez à croire en vous, éveillez tout potentiel que vous vous laissiez encore endormi à l'intérieur, ayez le regard, le sentiment et l'attitude d'un champion, rendez votre vie pleine de moments incroyables, portez votre histoire à un grand héritage, essayez de ne pas vous déranger et de connaître le bon moment pour agir et mûrir avec des erreurs et polir pour avoir une morale et un caractère incontestables, laissant un héritage et une source d'inspiration non seulement pour cette génération, mais pour des générations. À l'avenir, ce n'est pas ce que les autres pensent de vous qui vous rend grand, ce sont les vôtres qui vous font grand, alors agissez toujours comme un grand champion, ne pas être meilleur que quiconque, mais avoir et vivre la belle vie tu mérites.

Vos rêves doivent être immortels, ils ne doivent pas être ébranlés par des circonstances ou des personnes aux opinions malveillantes pour vous faire abandonner, ne jamais abandonner ce qui est votre essence, vivre pour vos fins et réaliser vos désirs, ne vous découragez pas, jusqu'à aujourd'hui vous êtes resté debout , faites de chaque jour un jour de plus de victoires, ne pleurez pas vos défaites, agissez, vous êtes plus fort et plus capable que vous ne l'auriez jamais imaginé, vous avez le potentiel de faire plus que ce que vous avez fait jusqu'à aujourd'hui, et vous pouvez commencer la plus longue bataille du monde. votre vie pour gagner, mais pour cela vous devez commencer et croire qu'à la fin de chaque bataille la victoire n'est que la vôtre et celle de personne d'autre, car vous avez de la grandeur en vous, combattez courageusement, surmontez vos peurs et vos limites, car vous devez vous améliorer - cependant, face à un défi, il faut évoluer, la réussite de quelqu'un ne passe que par beaucoup de détermination, de détermination, de

persévérance et tout d'abord en sachant qu'il est capable et digne

de ce qui est recherché, vous n'avez pas besoin de le prouver n'est

rien pour personne, vous avez juste besoin de vous montrer que

vous êtes capable de beaucoup de choses, ne vous découragez

pas et vous réussirez, car vous êtes capable de beaucoup plus et

avez beaucoup de potentiel de sommeil en vous, courez après vos

rêves, même après avoir perdu votre terrain, n'abandonnez pas et

persistez, car vous n'êtes pas un perdant pour faire des excuses à

vos malheurs, vous êtes un succès.

Avec confiance et plus d'attitudes, vous créez votre propre chance,

et découvrez un monde plein d'opportunités, arrêtez de vous

plaindre et ouvrez les portes d'une nouvelle destination, pleine de

nouvelles opportunités, ils peuvent tout vous prendre mais ne les

laissez pas vous enlever la volonté de gagner et pour que vos rêves

deviennent réalité, ne les laissez pas emporter vos rêves, le plus grand trophée du monde n'est pas une médaille qui vous définit, parfois les champions de la vie ne sont ni vus ni reconnus, mais pour vous-même, car croire en vous c'est déjà un gagnant, mais avec détermination et détermination, vous pouvez et devez y arriver, prenez courage et faites de vos rêves une réalité.

Soyez toujours fier d'être vous, de commencer quelque chose et d'aller jusqu'au bout pour accomplir l'impossible et montrer que vous êtes capable de réaliser vos rêves et vos désirs.

CHAPITRE 05

LA VIE EST UN JEU

La vie est un jeu constant, tous les choix et attitudes sont comme des mouvements qui vous mèneront dans certaines directions et situations, pensez comme un jeu d'échecs, réfléchissez bien avant d'agir, de parler ou de vous exprimer, car les conséquences peuvent être irréversibles, vous faire perdre ou échouer à réaliser quelque chose de très important dans votre vie.

Dans la vie, nous sommes en compétition à tout moment, nous perdons ou gagnons quelque chose, mais ce que nous ne pouvons pas perdre du tout, c'est notre temps, qui est notre deuxième plus grande richesse après la vie, car le temps perdu ne peut pas toujours être récupéré, alors agissez toujours calmement et de plus de valeur pour votre temps.

Ne soyez pas pris en otage par les autres, commencez à dépendre de moins en moins des autres et donc être plus indépendant dans votre vie, dans le jeu de la vie ils essaieront de vous manipuler pour que vous ne cherchiez pas le nouveau et si vous pouvez subvenir à vos besoins, si vous voulez être ébloui un avenir plus grand, vous devez décider de ce qui est toujours le mieux pour vous.

Dans le jeu de la vie, peu de gens vous aimeront, très peu de gens vous aimeront, mais la grande majorité vous détestera et espère que tôt ou tard vous trébucherez, alors ne faites rien pour le bénéfice de quiconque si vous devez vous sacrifier pour cela votre bonheur et votre bien-être.

CHAPITRE 06

VOUS AVEZ UN GRAND POTENTIEL

Vous pouvez avoir et vaincre tout ce dont vous rêviez, arrêter d'errer dans la vie et ne pas vous laisser emporter par les événements, faire en sorte que votre vie se déroule comme vous le planifiez et que vous voulez qu'elle soit à votre façon, fixez le cours de votre vie et faites ce que vous vous voulez et souhaitez que vous puissiez atteindre, trouvez simplement la bonne voie et la bonne manière d'atteindre votre objectif.

Commencez à marcher sur vos propres jambes, ayez votre propre façon d'agir, ne restez pas coincé de la manière que d'autres suggèrent d'entraver votre croissance, ne suivez le modèle de réussite de personne, créez votre propre modèle de réussite, une simple attitude de votre part peut vous rapprocher de votre rêve envisagé, avoir un désir de transformation et non d'accommodation, sans sacrifice et dévouement que vous ne pouvez pas conquérir, tant que vous laissez la société tirer les freins et dire que votre rêve est idiot ou impossible, vous ne conquérerez pas, car votre rêve à réaliser dépend exclusivement de vous, que vous croyez qu'il est possible et que vous vous battez pour le réaliser, combien de rêves vous voulez réaliser, tout ce dont vous avez besoin est de voir grand et de voir que sur votre chemin il n'y a que de la grandeur, suivez votre sixième sentiment éteint et vous conquérerez et réaliserez les plus grands rêves que vous désirez.

La chance ne vient pas même vous, au contraire, vous créez votre chance et façonnez votre destin en fonction de vos sentiments et croyances, ce qui va se passer, mauvais ou bon dans votre vie, c'est votre exclusivité, vos actions et votre façon d'agir, d'accepter la défaite peut être plus facile que de créer de la force pour pouvoir s'élever, mais si vous avez un but et un réel désir de vouloir vaincre, vous ne laisserez pas les obstacles vous empêcher de vous lever, la volonté et la raison de la conquête doivent être plus grandes que l'envie de tout abandonner, ne perdez plus de temps à réfléchir si vous le pouvez et si vous voulez, et commencez à passer à l'action.

Soyez conscient que votre réalité est façonnée par ce que votre esprit vous a conditionné, ce qui est enregistré dans votre subconscient est ce qui détermine votre façon d'agir, le manque de connaissances et de pensées de grandeur est ce qui éloigne les bonnes et les grandes choses. vie, votre succès commence dans votre esprit, changez vos pensées et paradigmes limitants et commencez à programmer votre esprit avec des pensées d'abondance et qu'il n'y a pas de limites aux réalisations qui se présenteront dans votre vie, pensez différemment et vous vivrez une vie extrêmement différent de ce que vous avez dans votre réalité aujourd'hui parfois, vous pensez que vous méritez peu et agissez comme si vous méritiez peu et c'est pourquoi vous sentez que vous n'êtes pas digne de grandes réalisations dans votre vie, mais si vous changez d'avis et mettez en pratique, commencez à oser plus, cherchez plus et payez le prix. pour réussir, vous obtiendrez un succès que vous n'auriez jamais pensé atteindre, luttez pour vous-même pour ce que vous visez, aujourd'hui vous vous sentez petit mais méritez beaucoup plus, vous aurez toujours le soutien de l'univers qui vous guidera toujours vers le succès, osez vouloir et voir votre rêve se réalisera si vous agissez et surtout croyez, parce que vous êtes un être rare et que vous êtes venu pour gagner et non pour périr et simplement traverser la vie.

Combattez beaucoup pendant les batailles, continuez vers votre objectif, n'attendez jamais la volonté de quelqu'un de réaliser un rêve, car alors vous aurez de sérieux problèmes, car peu ou rien ne fera vraiment pour vous aider à conquérir, dessinez un nouveau scénario dans votre vie et commencez à être indépendant, recherchez vos propres efforts, en voulez plus et vous aurez des réalisations jamais vues ou même prévues par vous, maintenant tout peut être tout gâché, mais organisez tous les domaines de votre vie et commencez à le mettre en pratique nouvelles méthodes et mesures à prendre dans votre vie, c'est avec le bagage que vous avez acquis jusqu'à présent que vous pouvez donner une nouvelle direction à votre vie, être plus ambitieux et espérer atteindre une destination plus grandiose.

Si vous voulez quelque chose de réel le maximum que vous donnez ne suffira pas, vous devrez briser les barrières, vous devrez acquérir une volonté qui vient de votre force unie à celle du créateur de l'univers, avoir faim de victoires, atteindre votre objectif principal, vaincre vous aurez besoin de soutien, pour que les gens croient en vous, mais pour que vous ayez du soutien et que les gens vous acclament, il faut d'abord que vous conquériez, alors votre volonté devra être grande et rendre votre rêve possible, avoir de la perséverance et de la volonté extra pour apporter la victoire, pour transformer un rêve en réalité, car si vous ne réalisez pas vos rêves, vous ressentirez un immense vide pour la vie, alors donnez quelque chose de plus que ce que vous avez fait et insistez jusqu'à ce que vous gagniez, car la vie cela n'a de sens que si vous lui donnez la détermination de poursuivre un rêve jusqu'à ce qu'il se réalise.

La plupart des gens ne verront pas votre vrai potentiel, mais vous êtes très proche du succès, si vous croyez en votre potentiel, ne laissez pas l'émotion vous faire perdre le contrôle et vous faire prendre des décisions, la plupart du temps fausses, trouvez la clé maintenant pour changer votre histoire, et vivre une vie bien remplie, porter toujours le sentiment de pouvoir avoir un avenir meilleur, être authentique, être toujours, en cas de doute créer des réponses avec une solution de transformation, se développer, être patient, dévouement et croyez que vous pouvez gagner, vous êtes capable de grandir grâce à l'innovation, l'effort et la détermination, le temps est venu d'éveiller le pouvoir de gagner qui sommeille en vous, dans le but de gagner et de donner une signification particulière à votre vie, révélez vos talents et montrez-vous que vous avez la capacité de transformer votre vie en la vie réussie que vous avez toujours espérée, développez-vous pour être toujours plus proche de la réalisation de vos rêves.

CHAPITRE 07

AVOIR UN OBJECTIF DE VIE

Il appartient à chacun de décider du chemin à suivre. Si vous êtes une personne très accommodante, vous serez secouée face à un petit obstacle, vous abandonnerez souvent la poursuite d'objectifs, de rêves et de désirs, mais si vous êtes une personne audacieuse et déterminée, vous n'aurez aucun problème pour dépasser vos limites et passer à autre chose, être toujours en contrôle de la situation et de l'émotion, car si vous ne contrôlez pas l'émotion, les chances d'échouer et de faire une erreur deviennent plus grandes, sachez si le chemin que vous suivez est une bonne direction et si vous maîtrisez principalement vos émotions, arrêtez d'être intimidé face à une difficulté et choisissez le moyen le plus simple d'abandonner, arrêtez de perdre du temps avec des solutions qui semblent résoudre votre vie de manière magique.

Cela n'existe pas, mais c'est votre détermination et votre détermination qui vous feront réussir dans la vie, vous vous associez à des personnes ou des groupes qui ont les mêmes objectifs que les vôtres et, ensemble vous pourrez grandir ensemble, renforcer le groupe pour que l'on ne quitte pas le un autre tombe pendant les difficultés, commencez à vous soucier de votre avenir pour ne plus vous inquiéter, ne plus vous taire et être responsable de la planification, de la création et de l'exécution de toutes les phases des désirs de votre vie, plus que simplement imaginer ou rêver est maintenant le redémarrage que votre destin mérite d'avoir une nouvelle fin entre vos mains, car votre avenir ne dépend que de vous.

Vous avez des obstacles à surmonter, vos rêves et vos objectifs sont trop grands pour ne pas être réalisés, surmontez les obstacles et atteignez votre objectif, à partir de maintenant avoir une vie épanouie, si vous pensez que ce que vous cherchez est impossible, vous aurez changer cette façon de penser si vous voulez le faire, car sans une foi souveraine en ce que vous recherchez, il n'y aura aucune manifestation dans votre vie, engagez-vous et mettez dans votre esprit la pensée que vous pouvez et avez un fort désir qui vous motive à vous battre même au milieu de la tempête et des turbulences parfois, il faut chasser et ne pas périr pour avoir des résultats extraordinaires, ce que vous ne rêvez pas ne peut pas imaginer si c'est possible ou pas, mais quand vous rêvez c'est à cause du fait qu'il y a un moyen de Réalisez, ayez une idée et restez concentré sur votre idéal, car lorsque vous prenez une décision et restez concentré dans cette même direction, le chemin de la réalisation est plus proche.

Vos pensées changent votre façon d'agir et de réaliser vos rêves, arrêtez-vous et réfléchissez à qui est en charge de votre destin, qui émet un bip dans le sens de votre vie, qui dit ce qu'il faut faire, fermez ce cycle et commencez un nouveau en défendant avec chaque griffe de vos rêves, continuez à vous battre d'une autre manière avec plus d'engagement et plus de volonté de gagner et de surmonter vos obstacles, n'arrêtez jamais de vous battre, car gagner dépend de votre volonté de performer et de persister, ayez foi, allez-y et gagnez.

CHAPITRE 08

SURPASSER VOS LIMITES

L'envieux essaiera de tuer vos rêves et dira que ce que vous cherchez est presque impossible, n'attendez pas l'aide des autres et ne créez pas d'attentes avec de fausses promesses d'aide, beaucoup vous frapperont à l'épaule et diront que lorsque vous en avez besoin Vous pouvez compter sur lui pour vous aider, mais il sera le premier à vous abandonner, à avoir une attitude et à lutter seul pour vos rêves, sans dépendre de personne pour les réaliser, car si vous ne le faites pas bien, personne d'autre ne le fera à votre place, assurez-vous de battez-vous au milieu de la route, persistez dans le sens des conquêtes de vos désirs et de vos rêves, semblant même être au fond du puits, n'abandonnez jamais pour vous lever et atteindre votre objectif.

Si vous vous sentez comme un perdant ne peut jamais gagner dans la vie et attirer des choses et des événements merveilleux dans votre vie, face aux difficultés c'est différent des autres, n'acceptez pas la défaite comme quelque chose de définitif, mais comme quelque chose de momentané et de réversible, arrêtez de reporter vos rêves et commencez aujourd'hui pour recommencer sa vie, en suivant un chemin de conquêtes et de victoires.

Faites ce qui est nécessaire et nécessaire pour gagner dans la vie et non ce que font les gens normaux, si peu gagnent, car la plupart abandonnent et arrêtent de persister après un obstacle, si vous voulez gagner, allez-y et faites sans excuses ou sous-traitez les responsabilités pour cela se produit dans votre vie, parce que votre vie est comme une entreprise, si vous vous trompez, la plus grande entreprise de votre vie sera sans grandes réalisations et victoires.

Ayez un itinéraire clair vers où vous voulez aller, avancez sans vous arrêter, persistez autant de fois que nécessaire jusqu'à ce que vous conquériez, ne perdez pas plus de temps à concentrer vos pensées et vos attitudes sur ce que vous voulez, commencez à vous concentrer sur le chemin de ce que vous voulez accomplir dans votre vie, suivez ce que vous voulez et arrêtez de faire ce que vous ne voulez pas, cherchez plus que des rêves, car vous êtes capable de réaliser de grandes choses que vous ne pouvez pas voir au-delà de l'horizon, la grandeur vous attend, surmontez la barrière de l'impossible que vous pouvez avoir plus que que vous avez ou imaginez que vous avez, les gens peuvent ne pas croire en votre succès, mais ce qui vous sépare de vos réalisations est votre désir de vouloir faire jusqu'à ce que vous conquériez, parce que vous êtes un champion de la vie, un réalisateur, un conquérant des rêves et des désirs, d'ici à à l'avance, vous ne ferez que mettre des pensées d'abondance dans votre esprit, et obtiendrez tout ce que vous voulez et rien d'autre ne vous empêchera de réaliser vos rêves, soyez concentré sur ce que vous gagnerez dans la vie.

Au début, vous voudrez être réticent à lancer un nouveau défi ou à marcher dans votre vie, mais personne d'autre ne peut le faire pour vous, mettez-vous et vos pensées que vous êtes capable et surmonterez les obstacles qui apparaissent, ne laissez pas les mots des autres vous arrêter et vous sortir du chemin de vos désirs et réalisations, personne ne naît limité, c'est avec le temps que nous nous limitons en nous laissant emporter par ce que les autres disent, que nous ne pouvons pas faire cela, que nous n'avons pas réussi cela, mais au contraire vous pouvez faire tout ce que vous avez rêvé ni imaginé avoir dans votre vie, je veux juste avoir et croire, et aller à la conquête que vous pouvez avoir et accomplir ce dont vous n'avez jamais rêvé, mais avec concentration et beaucoup de détermination, vous gagnerez dans la vie, assez de vous soucier de ce que vous allez faire de dire que votre vie a déjà été trop taillée avec ce que les autres ont dit que vous n'étiez pas capable de faire, les membres de votre famille, vos amis et vos collègues disent que ce que vous cherchez n'est pas pour vous et que vous n'êtes pas en mesure d'avoir et d'accomplir en fait, ils ne veulent pas vous voir gagner dans la vie, aller contre le monde et prouver que vous êtes différent des autres et prouveront que vous êtes capable de gagner et de réaliser ce que vous cherchez, la majorité qui vit ne cherche pas ce qu'elle cherche. rêvent, ne font rien de bien dans leur vie et c'est pourquoi ils pensent que les autres ne peuvent pas et ne peuvent pas voler plus haut, donc si vous voulez vraiment aller là-bas et gagner, n'attendez pas que le monde change votre façon de vous être et penser avec le monde, et vous aurez de la grandeur dans votre vie, parce que chacun mérite d'avoir tout ce qu'il veut, mais seulement pour obtenir ce qu'il veut vraiment et avoir la détermination d'aller de l'avant, sans excuse, le monde est contre vous, peu importe qu'ils vous soutiennent ou non, c'est votre obligation et personne d'autre ne réalisera vos rêves, vous pouvez le croire et le faire, allez-y et allez maintenant pour réaliser tout ce dont vous avez toujours rêvé. Surmonter uniquement les grands obstacles et barrières qui n'ont pas peur de surmonter leurs limites et d'aller au-delà, surmonter la douleur et l'humiliation est quelque chose de très indispensable pour ceux qui veulent gagner dans la vie, les humiliés d'aujourd'hui seront applaudis et enviés par ceux qui tentent d'être inférieurs aujourd'hui, ne soyez pas affecté par l'opinion des autres, assurez-vous de chercher un grand rêve car quelqu'un dit que vous n'êtes pas capable, je m'en fiche de ce que les autres disent, votre rêve est plus grand que tout et vous voulez vraiment faites-en une réalité, votre seul rêve est d'en faire une réalité, car toutes les réalisations n'étaient qu'un rêve, une idée d'une pensée de quelqu'un qui a cru et transformé un rêve qui auparavant semblait impossible à quelque chose d'aussi réel que les gens le disent, parce que je n'avais pas cette idée, alors assurez-vous de rêver et surtout allez-y et faites-le,

parce que vous êtes capable de la grandeur que vous faites. Vous

ne pouvez pas imaginer ce que vous pouvez faire. Les problèmes

momentanés ne peuvent pas vous abattre pour toujours et vous

rendre amer avec des défaites et des déceptions tout au long de

votre vie, levez-vous et recommencez, allez-y et gagnez.

CHAPITRE 09

VOUS MÉRITEZ TOUJOURS LE MEILLEUR

Par manque d'informations ou de connaissances, vous pouvez rater des opportunités qui ne se répéteront pas dans votre vie, car les choses arrivent parfois, d'une manière complètement différente de ce que nous voulions, mais nous pouvons utiliser l'apprentissage des erreurs pour corriger les chemins que nous devrions suivre et quelles actions futures nous devons prendre pour réussir, transformant ainsi ce qui était aujourd'hui un échec en victoire. Avoir un changement de philosophie de vie, de conception de la vie, pour qu'il y ait une transformation dans votre vie en suivant les mêmes erreurs, il n'y aura pas de changement dans votre situation, réapprendre est nécessaire, recommencer est nécessaire, ne jamais abandonner, persister jusqu'à gagner, car vous a l'entière responsabilité de votre destin. Alors arrêtez de dire que vous n'avez pas vaincu ou n'a pas accompli pour telle ou telle raison, arrêtez de blâmer votre échec sur les autres et prenez le contrôle total de votre destin maintenant, vos rêves ne sont pas des déchets à jeter, à jeter, mais oui conquis et accompli, ne gaspillez pas votre vie à faire et à voir des choses inutiles qui ne contribueront pas avec vos connaissances et votre expansion de prospérité.

Où que vous soyez, consacrez-vous chaque jour à être le meilleur, transformez votre vie et réalisez tout ce à quoi vous aspirez. Nous sommes nés pour gagner, quand nous étions enfants, nous n'avions pas peur de nous lever, mais quand nous devenons adultes, la peur prévaut et nous avons peur d'échouer, nous arrêtons de nous battre en acceptant les miettes qui apparaissent, être grandes à la recherche de grandeur.

Reflétez les mauvais choix que vous avez choisis et qui vous ont conduit à l'échec, faites un choix, restez à l'écart de l'échec du passé, recherchez les victoires dans votre vie, la décision vous appartient, ayez un but et soyez prêt à accomplir, conquérir et changer votre destin, ayez des rêves, des buts et des objectifs, soyez fort, arrêtez de regretter votre passé, faites votre part, ne laissez pas le temps passer, réalisez-le.

Ne tournez pas le dos à votre rêve, plus de conquérir une petite chose ici et là, obtenez de grands résultats en rêvant en grand, arrêtez de vous asseoir et regardez votre vie passer, arrêtez de perdre votre temps, acceptez vos faiblesses et renforcez vos forces, cherchez transformez ce qui semble impossible, sortez de votre zone de confort et commencez à agir, car à l'intérieur vous avez un gagnant, libérez-vous de la peur du pessimisme qui vous a envahi, soyez fort, n'abandonnez pas de croire en vous, combattez sans peur, lancez-vous vers une nouvelle destination.

Si vous ne voyez que des échecs dans votre vie, c'est parce que vous vous concentrez sur le fait de regarder dans la mauvaise direction, tout ce dont vous avez besoin et de regarder dans la bonne direction et de voir qu'il y a victoire pour n'importe quelle situation.

Le pouvoir de transformer votre avenir est entre vos mains, ne déléguez à personne le pouvoir de choisir pour vous, si vous croyez en un avenir meilleur maintenant, vous vivrez demain une vie pleine de réalisations et de bonheur, car vous êtes digne et digne de tous et toute joie et victoire dans votre vie, croyez aujourd'hui et prenez possession de tous vos désirs demain, en voyant ce qui aujourd'hui n'est qu'un rêve se réaliser.

CHAPITRE 10

UNE RÉINVENTATION EST NÉCESSAIRE

Ne déléguez à personne le droit de choisir pour vous, c'est à vous de choisir le meilleur parcours que mérite votre destination. Assez de faire plus de la même chose qui ne fera que vous maintenir dans un cercle vicieux d'échecs et de défaites, changez et libérez-vous des liens du passé, qui vous maintiennent dans une vie limitée, triste et déçue. Ouvrez votre esprit à de nouveaux horizons et recherchez un avenir glorieux, plein de réalisations et une vie pleine de bonheur et de réalisations, gardez toujours à l'esprit que votre rêve est possible, allez-y pour réaliser le meilleur, car vous êtes digne et méritant toutes les victoires de votre vie, vous êtes né pour sourire et gagner, croire et conquérir tout ce dont vous avez toujours rêvé, quitter votre passé de limites et aller de l'avant, vers un avenir splendide et glorieux, digne de vous, qui est venu dans ce monde pour être un gagnant, et ne pas être un de plus dans la foule, votre étoile est née pour briller et ne pas être éclipsée, alors allez-y, osez plus, voulez plus et commencez à en avoir plus aujourd'hui, car vous en êtes digne avoir et être ce dont vous avez toujours rêvé.

Aussi compliqué que soit votre chemin, tant que vous pensez que votre rêve n'est pas possible et éloigné de vous, vous ne trouverez jamais le moyen de le réaliser et vous vous retrouverez toujours incapable d'avoir et d'accomplir ce que vous avez rêvé, brisez les barrières qui vous sépare du succès, commencez à croire davantage en votre potentiel, car à l'intérieur de vous à un grand gagnant endormi sur le point de se réveiller, il vous suffit d'avoir l'action de vouloir et de croire que votre rêve est possible, assez d'avoir un esprit limité et d'avoir une vie simple, il est temps de changer votre vie, de laisser votre passé derrière vous pour de bon et de commencer dès maintenant à vous faire un nouvel avenir, digne d'un champion, car vous n'êtes plus un dans la foule, vous êtes venu pour faire une différence et se démarquer, mettre un terme à votre vie limitée et commencer à profiter de la grandeur que le monde a à votre disposition, qui êtes nés dignes, allez-y et gagnez dans la vie, parce que vous êtes né prédestiné à être un gagnant, Arrêtez de vous sentir comme un perdant et lancez la publicité éveillez votre véritable essence qui est celle d'un champion. Si vous voulez avoir l'abondance dans votre vie, commencez à être un ami de l'argent et non plus un esclave, ne laissez pas l'argent prendre le contrôle, ayez le contrôle de l'argent, nous ne sommes pas nés sachant, mais quand nous apprenons quelque chose, nous devons le mettre en pratique, non ignorer que vous êtes le seul responsable de guider la direction de votre vie, "ne déléguez le contrôle de votre vie à personne", il est temps de passer au succès dans votre vie, ayez de la détermination, du courage et de la volonté de vous battre jusqu'à ce que vous vous en rendiez compte, lorsque vous commencerez à vouloir quelque chose de réel, l'univers commencera à conspirer en votre faveur et mettra dans votre vie des personnes et des événements qui vous mèneront à la victoire dont vous avez toujours rêvé, plus que vouloir vous battre et ne jamais abandonner.

Arrêtez de suivre des chemins prédéterminés et commencez à écrire votre propre histoire, commencez à vivre votre vie plus intensive avec plus de possibilités, sortez de la similitude et commencez à tirer quelque chose de bien de tout, commencez à être positif, même dans les mauvais moments si vous agissez maintenant vous pouvez commencer une nouvelle ère dans votre vie qui peut être un âge d'or, si réinventer est plus que nécessaire c'est nécessaire, car votre détermination et votre détermination feront de vous un champion, sans attitude et sans faire pour mériter, les choses ne le sont pas se produira, ceux qui attendent n'atteignent pas s'ils ne font rien, rien ne vous arrivera, mais pour que quelque chose de grand et de transformation se produise dans votre vie, il est essentiel que vous croyiez et ne vous découragiez pas, suivez votre rêve, peu importe que les gens vous critiquent, vous disent que c'est un non-sens, rien de ce que vous faites pour être meilleur et avoir la vie que vous rêvez d'être l'idéal ne sera jamais un non-sens, alors faites-le pour vous-même, car si vous ne le faites pas, personne ne le fera pour vous.

CHAPITRE 11

N'ABANDONNEZ PAS, COMBATTEZ

Ayez de la grandeur en vous, ne vous entourez pas de gens médiocres, inversez vos défaites, combattez et n'acceptez pas la défaite, arrêtez de laisser vos rêves continuer à être confisqués par vos peurs, les échecs ne feront pas de vous une personne pire, au contraire des défaites passer du renforcement et de devenir une personne meilleure et plus forte, apporter des expériences et des connaissances, réduire les chances de faire de nouvelles erreurs et erreurs, c'est avec les erreurs que l'on devient plus fort, n'ayez pas peur d'essayer, osez vouloir réaliser des rêves qui semblent impossibles , vas-y et fais-le, car il y a un potentiel gigantesque qui dort en toi, rêver n'est jamais idiot, l'erreur est de ne pas se battre pour ses rêves, essayez jusqu'à ce que vous l'obteniez parce que vous êtes capable de réaliser des choses que vous n'avez jamais imaginées, ne voulez rien prouver à personne , fais toi-même sans peur de gagner et sois heureux, fais tout pour que ça soit possible, franchis la barrière de l'impossible, arrête de sacrifier tes rêves, commence à déplacer des montagnes pour faire le vôtre En réalité, sans crainte, faites tout pour gagner.

Peu importe qui c'était ou ce qui vous a conduit à vos échecs, ce qui devrait être important, à partir de maintenant, c'est que vous soyez seul responsable de mener votre vie dans une direction totalement différente, vers des chemins gagnants, être un transformateur des risques, payez le prix pour être un champion, arrêtez de vous lâcher en acceptant des miettes dans votre vie, si vous voulez la grandeur ce sera par le fruit de vos batailles, celui qui veut gagner ne doit pas être abattu à cause de ce qui s'est passé dans son passé, enterrer le dogme de la défaite dans votre vie et assumer progressivement que vous êtes le maître de votre destin, c'est à vous et à personne d'autre de planifier et d'avoir un avenir digne de son ampleur, car vous êtes en effet digne de réaliser n'importe quel rêve.

Ayez un objectif clair, car si vous restez caché dans la zone de confort, vous ne saurez jamais quel est votre véritable potentiel, commencez à être audacieux et commencez à profiter de choses merveilleuses dans votre vie, ne laissez pas passer les opportunités, commencez à vous efforcer et à mieux profiter. les opportunités qui se présentent, et si elles ne créent pas d'opportunités, avancez plus toujours à la recherche de vos objectifs, lorsque vous êtes déprimé, arrêtez-vous et réfléchissez, mais n'abandonnez jamais. N'hésitez pas et ne manquez pas de poursuivre vos objectifs, car si vous ne vous battez pas pour vos idéaux, personne ne le fera pour vous et ne deviendra jamais un gagnant et un conquérant de rêve. Autant vous vous sentez incapable, il y a toujours le pouvoir de performer, vous êtes capable de croire, faites toujours de votre mieux et ne regrettez pas si vous essayez et échouez, au contraire vous devriez regretter de ne jamais avoir essayé, car vous êtes capable de surmonter votre limites, si vous voulez que des choses plus merveilleuses se produisent dans votre vie, vous devrez prendre plus de risques, sans craindre de perdre quelque chose, car si dans la poursuite d'un objectif vous perdez quelque chose c'est parce que vous n'avez jamais possédé cela, ne vivez jamais d'apparences ou de peurs, vous n'aurez que succès si vous êtes prêt à le faire, sans excuse ni blâmez les gens et les faits pour vos échecs, les gens qui réussissent ne font pas d'excuses, ni ne recherchent les coupables de leurs échecs, les gens qui réussissent font ce qu'il faut pour gagner, parce qu'ils croient qu'ils ne sont pas les les circonstances qui les contrôlent ou paralysent leurs actions, contrairement aux personnes qui réussissent savent qu'elles doivent agir et ne jamais douter de leurs rêves, ils agissent comme des gagnants, ils ne se sentent pas faibles ou abattus car ils portent l'énergie de ceux qui ont le pouvoir de créer et d'accomplir ce dont ils ont toujours rêvé, ils ne marmonnent pas après leurs défaites, au contraire, ils deviennent plus forts après un trébuchement ou un défaite, car il a un rêve en lui qui les guide et les maintient toujours déterminés, voulant toujours plus de réalisations dans la vie. Les circonstances peuvent temporairement faire tomber un gagnant, mais ils se lèveront toujours plus forts pour conquérir, accomplir et transformer leur vie, car rien de ce qui se trouve sur leur chemin ne peut empêcher ce qu'ils recherchent tant, car les actions d'un champion ne cesseront jamais de conquérir. opportunités qui pourraient être perdues, mais les rêves ne peuvent pas être enterrés, seuls les lâches se rendent et blâment les autres pour leurs échecs, les gens qui réussissent savent que s'ils veulent quelque chose, ce seront eux qui devront se battre et réaliser ce qu'ils recherchent, il doit se recroqueviller et laisser son destin entre les mains des autres ou des circonstances, il appartient à chacun de toujours faire de son mieux pour sa vie, sans blâmer les gens ou le gouvernement pour ses malheurs. Si votre vie n'est pas ce que vous aimeriez mener, alors il est plus que temps d'agir et de réaliser l'impossible, ne plus vous sentir comme une victime de la société, un pauvre homme qui n'a pas eu le temps, il est temps de donner un faites tout cela et commencez une nouvelle histoire dans votre vie, croyez et réalisez. Ne jetez pas les attentes de vos réalisations de rêve entre les mains des autres, car le carburant qui donne du sens à la vie est la réalisation d'un rêve qui vous donne envie de vivre plus et mieux, il ne vous appartient donc que de vous battre depuis le début jusqu'à ce que vous réalisiez votre rêve, le rêve que vous gardez secret jusqu'à ce que vous vous rendiez compte qu'il est plus facile à réaliser, car alors les autres ne mettent pas le "mauvais œil" ou sont "gorando" votre rêve, en espérant que vous trébuchez, car les gens n'aiment pas voir beaucoup le succès des autres, alors taisez-vous un grand rêve qui pourrait vous procurer, plus facilement, votre épanouissement. Croyez totalement en votre rêve et efforcez-vous avec détermination et détermination d'accomplir, engagez-vous à accomplir, car vous avez du talent.

Vous ne pouvez pas détruire votre vie, mener une vie pleine de similitude et de lâcheté, arrêter de ne rien faire pour votre vie et commencer à agir, votre conduite peut et doit changer l'histoire de votre vie, si vous avez l'intention d'être heureux, vous devez croire en vous voulez accomplir. L'histoire de votre vie peut être incroyable si vous insistez au lieu d'abandonner.

Ayez la vie de vos rêves en combattant et en étant toujours prêt à affronter les batailles, car vous êtes géant et ce que vous recherchez n'est pas impossible, si la bataille semble ardue et grande c'est parce que vous êtes un grand soldat, vous devez affronter de grandes batailles , parce que vous êtes prédestiné à remporter de grandes réalisations, combattez pour que votre bataille ne soit jamais vaine.

Ne laissez pas votre rêve être frustré par votre lâcheté, réalisez le plus grand nombre de rêves, vous êtes unique et irremplaçable au monde, votre avenir est plein d'options, mais si vous restez concentré sur le sentiment d'un échec, vous n'aurez jamais de force pour déterminer une nouvelle direction dans votre vie, continuez à avancer, n'abandonnez pas, ne vivez plus d'arguments sur ce que serait votre vie si vous faisiez quelque chose pour changer votre vie, commencez à vivre d'actions et n'abandonnez jamais vos rêves.

Ne soyez pas plus petit, la société a essayé de vous abaisser, mais maintenant vous faites face à une barrière, soyez prêt à dépasser vos limites et à prendre possession des réalisations et des réalisations de vos rêves dans votre vie, vous êtes déjà saturé de perdre, mais comprenez que vous vous avez besoin et avez le pouvoir de transformer votre vie.

Passez de l'échec au succès, du perdant au gagnant, ne comptez sur personne, prenez cette mission vous-même, soyez déterminé, allez-y et accomplissez ce que vous avez prévu et voulez accomplir, ayez désormais la conduite et la capacité d'un champion qui dort en vous.

CHAPITRE 12

ÉLARGIR VOTRE HORIZON

Lisez plus de livres pour élargir vos connaissances, arrêtez de perdre du temps sur des programmes télévisés qui ne vous ajouteront pas de valeur, approchez des gens qui peuvent vous transmettre plus de connaissances, regardez les erreurs que les autres font autour de vous et ne faites pas les mêmes erreurs, parce que vous n'aurez pas le temps de faire toutes les erreurs, de ne plus vous sentir victimisé et de reprendre le contrôle de votre vie, de cesser de tergiverser où que vous soyez, comment ressentez-vous le fait qu'il faut commencer maintenant à répondre aux questions que vous faites vous-même tous les jours, il est temps d'arrêter de penser et de commencer à agir. Les victoires ne tomberont pas sur vos genoux, car plus que l'univers ne conspire en votre faveur il faut que vous agissiez, car vous avez toute la capacité nécessaire pour transformer les difficultés, rompre avec votre passé limitant et ne plus laisser votre passé vous contrôler , alors seulement vous aurez un avenir positif et confortable avec des résultats exceptionnels. Seul votre effort portera des fruits pour votre amélioration personnelle, ne laissez pas le temps et la précipitation diluer vos rêves et vos idéaux, arrêtez d'accumuler des défaites et commencez à récolter des triomphes, soyez digne de victoires et commencez à mettre fin à votre temps les défaites passées et commencer à gagner, parce que vous êtes un champion.

C'est maintenant que vous devez saisir votre chance de changer votre vie, ne perdez plus de temps et commencez à agir. Ce ne sont pas seulement mes paroles qui devraient vous donner la force de gagner, vous devez avoir de l'attitude, y aller et gagner, vous sentir digne de ce dont vous rêvez et avoir l'habitude des pensées positives, concentrez-vous sur la victoire, ce ne sera que génial quiconque a une vision de la grandeur, oui, vous méritez le bonheur et l'opulence. Soyez sûr de cela aussi et vivez, enfin, l'existence que vous méritez.

Agissez au-delà de la peur pour être différent, ne vous laissez pas prendre par vos peurs, faites-vous plus confiance et ayez plus de dévouement pour transformer votre vie, au début les obstacles semblent plus grands que vous, plus vous verrez avec le temps que vous êtes plus grand que n'importe quelle difficulté.

Croyez que vous pouvez changer votre vie grâce à la détermination et à la détermination, car aujourd'hui, il peut y avoir d'innombrables situations qui donnent l'impression que vous allez devoir passer toute votre vie pleine d'échecs et de déceptions et que les situations dans lesquelles vous vivez aujourd'hui semblent désespérées. un avenir meilleur, ce fait n'est pas réel, planifiez et devez avoir un grand avenir, prenez l'initiative de réaliser vos rêves que jusqu'à aujourd'hui votre peur vous a empêché, faites des choses que vous n'avez jamais faites, prenez des mesures que vous n'avez jamais prises et il y aura une transformation dans votre vie, essayez de nouvelles réalisations, vous n'avez aucune idée du pouvoir qui sommeille en vous, commencez à vous apprécier et à avoir des résultats que vous n'avez jamais eu dans votre vie, cependant pour cela il faut que vous commenciez à agir maintenant. Votre vie ne fera que subir une métamorphose, si vous cherchez le meilleur, il est temps de rompre avec votre passé et de commencer à écrire votre propre histoire, n'enviez pas la victoire ou le succès des autres, croyez que vous pouvez construire votre propre succès.

Tout le monde veut gagner, mais la plupart ne savent pas par où commencer, il n'y a pas de miracle ou de tour de magie qui réalise les rêves et les objectifs, mais plutôt vos choix et attitudes capables de réaliser et de réaliser vos rêves, assumez une fois pour toutes ce que vous voulez réaliser et commencez à atteindre les objectifs de votre vie, arrêtez d'occuper votre vie avec des gens qui ne font que vous abattre, commencez à vivre avec ceux qui croient en vos rêves. Rien n'est impossible et vous méritez tout le bonheur et l'épanouissement, rien n'est en vain, surtout si vous croyez et faites tout pour y parvenir.

Le grand changement dépend exclusivement de vous, il est temps d'arrêter de vous plaindre de votre vie, de vous lever et d'aller au combat, peut-être que vous n'êtes pas conscient que vous êtes déjà un gagnant, car vous êtes né champion, mais vous vous êtes perdu au fil du temps en vivant avec des personnes et des environnements négatifs qui vous font vous sentir vaincu, mais vous êtes vraiment une personne formidable, avec des qualités et des talents incroyables endormis. Croyez-moi, si vous faites tous les efforts, cela changera votre existence et vous pourrez vivre un nouveau demain puissant. Alors n'hésitez pas, arrêtez de penser et commencez à résoudre et à conquérir le futur.

Sortez du cycle des défaites et des incertitudes et allez directement sur les chemins et les chemins des victoires, ne laissez pas votre passé de défaites et d'échecs être une perturbation tout au long de votre vie, ne laissez pas votre passé vous empêcher de vivre un avenir glorieux, il est temps de prendre les bonnes décisions, commencer à agir au bon moment en faisant les bons choix.

Arrêtez de vous sentir fragile et incapable, commencez à faire la différence, même en période de turbulence, ne vous découragez pas, valorisez votre existence et renforcez-vous dans les moments difficiles, il est temps de changer votre avenir, de profiter pleinement de votre vie en combattant avec détermination, anticipez et trouvez le chemin qui vous mènera à de grandes victoires.

Commencez à construire un mur infranchissable, qui ne vous permet pas d'être secoué à l'avenir par des personnes et des situations négatives, après tout vous devez contrôler vos émotions et votre destin, donnant une nouvelle direction à votre vie. Il peut y avoir des situations qui semblent difficiles à surmonter, mais tout dépend de vous, ne laissez pas la faiblesse vous envahir, dites-vous que vous êtes capable et digne et que vous êtes digne de gagner. Commencez à apprendre de vos expériences et arrêtez de faire les mêmes erreurs, commencez à avoir des attitudes positives pour apporter de la joie et du bonheur dans votre vie. Commencez à éveiller vos dons, libérez-vous des liens de votre passé et commencez à rechercher votre indépendance dans tous les domaines de votre vie. Vous devez comprendre que votre destin va changer si vous cessez de vouloir et commencez à chercher, et vous savez ce que cela signifie? Que si vous voulez transformer votre réalité, vous devrez changer à l'intérieur, puis changer votre vie quotidienne, des changements se produiront et ils ne seront pas petits si vous commencez à croire que votre destin est entre vos mains. Nul doute qu'à partir de maintenant, vous vous dirigez enfin vers un avenir heureux, si vous commencez à vous donner en retour et à avoir conscience que c'est vous qui conditionnez votre nouvel avenir et non plus l'opinion des autres. Tout au long de votre vie, vous avez eu l'impression de ne pas maîtriser votre vie et de souffrir sans pouvoir agir. Se sentir debout et les mains liées et rien de bon et d'agréable ne t'arrive, c'est pour la simple raison que tu préfères écouter quelqu'un qui est plus décourageant que d'écouter ta voix intérieure, qui dit que tu es capable d'y parvenir.

Avoir un avenir définitivement plus brillant et plus éblouissant qui à partir de maintenant n'est pas qu'un autre rêve, mais qui est entre vos mains pour devenir réalité, ne cherchez pas la chance pour réussir, ne soyez pas dépendant du hasard, ou de la chance d'avoir une belle vie, parce que vous méritez d'avoir un avenir beaucoup plus radieux.

La peur d'échouer et de prendre des risques est très présente en vous, cela vous empêche d'avoir la vie dont vous avez toujours rêvé, il n'y a que deux façons de passer à autre chose, la première est de continuer à vivre dans la zone de confort et de ne jamais profiter d'une vie des possibilités infinies, et la seconde est l'option la plus difficile, mais cela vaut la peine de risquer et d'éviter une vie pleine d'échecs et de déceptions et c'est entre vos mains de commencer une nouvelle vie de luttes et de victoires.

Mais si vous choisissez de progresser, avec courage et discipline, vous pouvez changer votre vie une fois pour toutes. Si vous croyez que c'est possible c'est le premier pas vers un nouveau demain, il est temps de commencer une nouvelle phase de votre vie, une phase marquée par la transformation des directions de votre destin, et votre nouveau demain ne dépend que de vous, allez-y et gagner.

Vous sentez que vous avez tout essayé et que vous ne vivez toujours pas la vie de rêve, arrêtez de faire l'ordinaire, restez dans la zone de confort, ouvrez vos horizons et élargissez votre vision. Je sais que vous doutez de vous-même, mais croyez que vous êtes capable, ce ne sont pas les choix actuels qui vous apporteront un nouvel avenir, car des choix égaux vous procureront une vie de similitude, mais si vous changez et commencez à croire davantage en votre potentiel, non laissez les échecs se produire davantage, les projets ne se matérialisent pas dans votre vie, changez votre destin, vous méritez d'avoir une belle vie.

CHAPITRE 13

COMMENCEZ VOTRE FUTUR MAINTENANT

Au début, tout est plus difficile, personne ne vous croit ou ne vous encourage, mais quand vous grandissez, vous battez et persistez, les gens verront que vous voulez ce que vous cherchez, mais peu de gens commenceront à vous encourager, l'essentiel est que vous commencez à prendre des mesures plus sûres à partir de maintenant, pour que votre vie dans le futur soit celle que vous planifiez, sachez ce que vous voulez et réalisez-le, ne plus excuser vos erreurs, l'erreur est de ne pas prendre le contrôle de votre vie . Assumez la responsabilité de vos choix et attitudes, soyez plus audacieux pour atteindre de grands objectifs, ne vous limitez pas à vouloir vivre votre vie pleine de limitations, que votre réalité actuelle vous offre, changez votre façon de penser et vous changerez ce que sera votre destin. avant, aussi triste que vous soyez, désespérée ou même frustrante de votre situation actuelle, seul vous avez le pouvoir et le devoir de changer votre vie, cessez d'accepter ce que vous vivez et commencez à agir et à mettre en pratique des actions qui vous fourniront un avenir glorieux, d'un géant à votre hauteur, parce que vous êtes digne d'être un champion, plus que penser, c'est le moment d'agir, de mettre en œuvre des plans d'action et des idéaux pour transformer votre réalité.

Soyez optimiste et vivez de grands moments dans votre nouvelle histoire de vie, plus de diminution, il est temps de réveiller le gagnant géant qui dort en vous, ne soyez pas plus négligent avec la construction d'un avenir meilleur et agréable pour vous, ne faites pas de course contre la montre , soyez en faveur du temps, construisez avec conscience et maîtrisez votre nouveau demain, qui commence maintenant et ne dépend que de si vous êtes bon ou mauvais, votre destin a toujours été entre vos mains, ne laissez plus la vie passer, prenez les rênes de votre destin, commencez à planter de bons fruits aujourd'hui pour un demain plein d'espoirs, et goûtez à la vie que vous avez toujours voulue. Comme le dit l'adage, quiconque cultive des cultures qui ne fait rien ne peut se plaindre de son sort, arrêtez d'être négligent envers vous-même, tant qu'il est temps, car un grand avenir ne dépend que de vos choix aujourd'hui. Vous ne saurez jamais ou ne goûterez jamais un choix si vous ne mettez pas en pratique ce que vous voulez ou rêvez, les lâches ne gagneront jamais, et les perdants ressentent la douleur de la défaite, mais apprenez-en qu'ils peuvent s'améliorer, mais les lâches seront toujours vaincus parce qu'ils ne commencent jamais. , alors faites le premier pas, si vous perdez, levez-vous, si vous gagnez ne soyez pas superbe, car seuls ceux qui prennent de gros risques et prennent de grandes décisions et attitudes sont grands. Quelle est votre intention dans la vie, si vous attendez le moment idéal pour commencer à agir, vous perdez du temps, car il n'y a jamais eu et ne sera pas le bon moment, mais maintenant si vous prenez l'attitude de changer votre façon de voir la vie, vous pouvez changer votre destin, vivez des moments significatifs et transformateurs de votre vie, laissez un nouveau look aux générations futures.

Sortez de la place et ayez de nouvelles perspectives sur la vie et redécouvrez de nouveaux chemins vers la vie. Vous avez un grand potentiel de transformation pour changer cette génération et les générations futures, avoir de nouveaux concepts et les prendre pour la vie, ce qui, aussi douloureux que puisse être le processus de transformation, vous apportera des avantages que la zone de confort ne vous offrira jamais, prenez des risques et apportez-les à votre réalité des choses qui sont lointaines aujourd'hui, plus qui feront partie de votre réalité, faites ce qui n'était pas fait auparavant et obtenez de bons résultats. Cela vous permet de vivre une belle vie, rien ne se passe seul, tout nécessite des efforts et de la détermination pour y parvenir, vivre et entreprendre des actions plus intenses pour avoir la vie dont vous avez toujours rêvé. Sortez du piège de la peur et relevez le défi de transformer ce qui manque à votre réussite, ce qui semble impossible est en fait un mauvais regard, changez d'orientation et commencez à réaliser votre désir, sans sacrifices, il n'y a pas de victoire.

CHAPITRE 14

TE MERECES UN GRAN FUTURO

Cherchez des références positives, pas de pongas más en risque votre avenir, il est temps de commencer à agir et de créer un nouveau jardin pour l'homme. Empieza de planter les graines de votre deseo pour pouvoir récolter les fruits de vous s'il vous plaît manana, ne riez pas, même lorsque votre féroce parezcan pousse, car si vous vous amusez et que vous voulez en profiter, vous ne profiterez jamais de la vie qui a toujours été, ne devrait jamais Toi Sueño a muriendo niño, tant qu'il n'y a pas d'esprit en toi du gagnant, qu'avec le temps que tu veux dormir, il est temps de se réveiller de ce cauchemar que je t'ai laissé pour saisir ta vie, il est temps de transformer ton destin, Comprends qu'il est important que les réactions et ne pas accepter plus d'une vie de migajas, ne se lancent pas plus dans une vie d'échecs et de tristesse, donc, si vous voulez un grand destin, seulement cela vous touche, car quiconque y vit vert hierba del vecino grandit et s'épanouit, vous n'aurez jamais votre propre jardin vert et vous avez une idée, un agenda de réalisations dans votre vie et de l'empathie pour changer tout ce qui est mauvais, car rien dans la vie n'est plus important que vous, ne plus être pasajeroen vous vid si vous prenez le contrôle de votre destin, vos attitudes et choix aujourd'hui vont réfléchir sur votre avenir, la passivité vous apportera un avenir d'égal aux plus sombres que vous vivez, soyez rationnel et mangez pour admettre que votre destin ne change que si vous réagissez, ne considérez pas votre avenir comme une question de chance ou de chance.

Le passé est un reflet clair de ce que nous vivons aujourd'hui, donc si vous voulez vivre un avenir glorieux, vous devrez le gagner, alors commencez à faire un grand demain à partir de maintenant afin qu'à l'avenir vous ne regretterez pas de n'avoir rien fait pour avoir la vie qui aspire et rêve, il faut se battre pour conquérir,

Vous êtes né prédestiné à être un champion et l'avez fait, mais lorsque vous avez cessé d'être un enfant, vous avez laissé vos rêves derrière vous et laissez vos peurs interrompre votre histoire, mais c'est à vous de reprendre votre esprit gagnant qui n'a pas peur de se battre, de tomber et de s'élever, de se battre avancez toujours sans vous arrêter et sans crainte, car la victoire est à un pas de votre détermination, l'esprit d'un champion en vous doit s'éveiller pour que vous n'acceptiez pas les défaites qui vous atteignent, à travers une décision commencez à construire votre nouveau futur, parce que vous êtes maintenant un nouvel être qui est conscient de ce que vous êtes et de ce que vous voulez être et avoir, votre performance est maintenant très décisive et significative pour que votre avenir soit grand, échappez à votre modèle vaincu et construisez un projet de gagnant, assumez un rôle de champion malgré l'amertume de votre passé, vous ne vaincrez que si vous avez le courage d'affronter les obstacles et de dépasser vos limites.

Vos actions doivent être convaincues pour préparer un avenir plus grand, même sans soutien, vous devez vouloir réaliser votre rêve, assurez-vous que votre chemin est fortifié pour avoir un chemin solide, votre demain peut être plus agréable, cela dépend de la façon dont vous allez le chemin vers le nouveau demain, tout votre destin vient de vos choix, ce que vous voulez est possible croyez simplement, le chemin vers un nouveau demain peut être difficile, mais n'abandonnez pas car vous êtes le seul responsable de rendre votre rêve possible, vous devez être responsable, le moment est venu de changer, il n'y a plus moyen pour vous de maintenir plus de liens avec votre passé, il est temps de rompre, et maintenant vous n'êtes plus prisonnier du passé et changez de route, poursuivez un nouvel avenir.

Brisez les liens qui vous relient encore au passé, car vous n'êtes plus n'importe qui et êtes venu marquer l'histoire, pas seulement vivre, vous êtes venu pour faire l'histoire, comprenez que votre histoire n'a pas été grande jusqu'à présent parce que vous êtes devenu plus petit et n'avez pas regardé pour l'avenir, et n'a pas compris que ses attitudes et ses choix d'aujourd'hui sont ce qui fait demain. Regardez vers l'avenir, voyez un avenir différent et créez la force d'être complètement ce que vous êtes aujourd'hui, ce qui exigera plus de détermination et de volonté, votre grandeur ne mérite pas de vivre une petite vie simple, humble et privée, vous êtes géant il est temps de faire une nouvelle histoire dans votre vie, la flamme d'avoir un nouveau demain ne doit pas s'éteindre, car c'est vous qui écrivez votre histoire, changez le sens de votre vie et donnez naissance à un nouveau demain à partir de maintenant avec de nouvelles attitudes . Vous avez été chargé d'écrire et de réécrire votre histoire, de renoncer à faire et de laisser le hasard arriver, votre vie ne sera pas une vie de gloires, au contraire elle sera pleine de douleurs ratées et pleine de regrets, vous êtes le grand libérateur des liens de votre passé, notez que peu importe le moment dans lequel vous vivez, c'est à vous de décider si vous voulez ou non commencer un nouveau chemin dans votre vie, votre histoire sera formidable si vous arrêtez de devenir petit et commencez à agir, aujourd'hui est une étape importante dans votre journée, rompant avec le passé ce qui est fondamental pour la création d'un nouvel avenir. Prenez une décision incisive pour que votre avenir se réalise comme vous l'idéalisez maintenant, mais votre avenir dépend de ce que vous voulez, commencez à avoir de nouvelles attitudes à partir de maintenant, car vous êtes l'architecte qui façonne votre avenir, vous êtes le l'écrivain qui écrit son lendemain et le peintre qui peint sa propre histoire.

Vous avez un grand potentiel et une grande qualité, même si la possibilité semble petite, allez-y et essayez, car il y aura toujours une chance de gagner, même si vous ne pouvez même pas y croire, mais c'est votre attitude aujourd'hui qui réfléchira sur votre avenir, pour un La révolution dans votre vie devra maintenant commencer à mettre en pratique vos projets et vos idées.

CHAPITRE 15

SOYEZ MOTIVÉ

N'attendez rien ou personne qui vous motive à conquérir, n'attendez pas, allez-y et faites-le, car personne ne fera mieux pour vous, peu importe combien vous en faites, personne ne pourra faire mieux que vous, plus qu'essayer de le faire, allez-y et faites-le votre rêve, même si cela semble être un rêve insensé, si c'est tout ce que vous avez toujours voulu, cela vaut la peine de le réaliser, ne comprenez pas la défaite comme quelque chose de naturel, ayez l'obsession de gagner, essayez tout ne cherchez pas d'explication pour gagner, faites quelque chose il semble même impossible de gagner, explorez vos limites pour gagner, votre source d'inspiration doit être votre désir de gagner, même si vous n'êtes pas parfait, même parce que personne n'est parfait, vous avez le droit de gagner vos batailles, faites les vôtres les choix s'enchaînent en accord avec les chemins qui vous mèneront à la bataille que vous gagnerez, commencez à prendre possession des victoires de votre vie.

Suivez davantage vos intuitions avec l'expérience, au fil des années votre sixième sens sera plus net, apprenez à entendre votre voix intérieure qui est votre meilleur ami, que vous pouvez avoir et que vous voulez votre bonheur et votre réel succès, qui ne le sera jamais. voulant vous voir trébucher, écouter votre voix intérieure, vous ferez le bilan à la fin de chaque journée, et vous verrez que vous obtiendrez plus de victoires que de trébuchements, alors laissez derrière vous ce cercle vicieux de défaites et passez à une nouvelle vie pleine de réalisations.

Commencez maintenant un cycle plein de victoires, digne de vous qui avez commencé votre vie en tant que champion, et laissez cet esprit s'endormir, ayez maintenant un esprit plus sain, vivez et discutez de problèmes constructifs et restez à l'écart des gens et des problèmes destructeurs, soyez prêt à vivre une vie plus saine et défiez vos limites afin de pouvoir accomplir beaucoup plus, sachez que vous êtes digne de gagner.

Ne vous souciez plus de l'étiquette que la société vous a donnée, ne laissez pas la société vous imposer quoi que ce soit de mal, marchez sur vos propres jambes, ayez la sagesse de faire ce que vous voulez et non ce que quelqu'un vous impose, vous avez le le droit et le mérite de vivre la vie que vous voulez, parce que votre destin n'a même pas à être écrit et conduit comme vous le souhaitez, parce que vous avez le pouvoir d'accomplir et de se matérialiser, alors allez-y et gagnez.

Vos mauvais choix vous ont conduit au gouffre, vous ont laissé fragile et sans perspectives pour un avenir meilleur, mais si vous vous aimez vraiment, ne laissez pas votre rêve être enterré avec vous, il vous suffit d'essayer de croire pouvoir vaincre, assez la vie des échecs est le moment de corriger vos erreurs et de changer les chemins que vous avez suivis, cessez immédiatement d'augmenter vos souffrances, car les routes que vous avez suivies jusqu'à présent ont été totalement nuisibles et vous ont empêché de conquérir, les défaites doivent être laissées pour compte, organisez votre vie et changez tout ce qui est foiré, commencez à donner un sens à votre vie, utilisez votre passé comme un moyen d'apprendre et utilisez maintenant comme quelque chose de remarquable dans votre histoire, votre ancien «je» cessera d'exister, et à partir de maintenant , un nouveau personnage est né, qui est prêt à conquérir et à accomplir, ne plus coller au passé, vouloir plus et s'immerger dans un très grand avenir.

Cependant, votre avenir sera formidable si vous agissez complètement différemment de ce que vous avez fait jusqu'à présent, seuls ceux qui se comportent de manière importante, sans peur de gagner, cherchent à s'améliorer et à apprendre de leurs erreurs, chaque jour est une nouvelle bataille qui peut se rapprocher de la victoire, à la fin de chaque voyage, arrêtez-vous et réfléchissez si les batailles vous emmènent plus près ou loin de la défaite, afin que vous puissiez améliorer ce qui n'est pas bon et améliorer ce qui est déjà bon, sachez où vous voulez aller , vos choix font ce que vous êtes dans la vie, chaque choix génère un résultat et l'entière responsabilité de ce qui se passe vous appartient. Soyez déterminé à conquérir et humble en savourant une réalisation, commencez à permettre et à accepter que vous êtes une personne digne de toute réalisation, car vous avez le droit total d'être heureux, d'être fort dans les moments difficiles et de donner votre maximum, faites même l'impossible. conquérir, parce que tout ce que votre rêve doit être réalisé sont deux choses, la première est que vous croyez et la seconde est que vous faites quelque chose à accomplir, nourrissez votre esprit avec détermination et détermination, et croyez de quelque manière inconditionnellement que votre rêve est possible et que votre voyage est réussi.

Commencez à croire en l'impossible, écoutez davantage votre voix intérieure, préparez-vous à vivre une nouvelle vie avec de nouvelles possibilités et réalités pour votre vie, assez de simplement traverser la vie, de créer votre propre histoire, de faire des choses incroyables et formidables, de laisser la similitude mis à part, ne plus être affecté par les mauvaises choses qui se produisent de votre côté, plus avoir de mauvaises pensées créant des situations dans votre vie, ce qui la plupart du temps est juste dans vos pensées, mais ces pensées génèrent de l'anxiété et de la dépression, ce qui vous rend restez immobile, peur de faire quelque chose de bien dans votre vie Soyez motivé et motivez, soyez le miroir de la vie que les gens veulent copier, un petit acte pour motiver quelqu'un et rendre la journée de quelqu'un heureuse, fait déjà que quelqu'un vous admire, et motive les gens. une journée agréable, alors commencez à être porteur de ce message d'optimisme, soyez la joie des environnements que vous fréquentez et commencez à attirer des situations positives dans votre vie. Ce sur quoi vous vous concentrez se développe dans votre vie, concentrez vos pensées sur les bonnes choses et commencez à vivre une nouvelle vie à partir de maintenant, sortez des ténèbres de votre passé et suivez à la lumière d'un avenir plein d'abondance et de joie, car vous êtes plus que digne, il est digne d'un avenir grandiose et agréable comme vous rêvez de le réaliser.

Commencez à croire en l'impossible, écoutez davantage votre voix intérieure, préparez-vous à vivre une nouvelle vie avec de nouvelles possibilités et réalités pour votre vie, assez de simplement traverser la vie, de créer votre propre histoire, de faire des choses incroyables et formidables, de laisser la similitude mis à part, ne plus être affecté par les mauvaises choses qui se produisent de votre côté, plus avoir de mauvaises pensées créant des situations dans votre vie, ce qui la plupart du temps est juste dans vos pensées, mais ces pensées génèrent de l'anxiété et de la dépression, ce qui vous rend restez immobile, peur de faire quelque chose de bien dans votre vie

Soyez motivé et motivez, soyez le miroir de la vie que les gens veulent copier, un petit acte pour motiver quelqu'un et rendre la journée de quelqu'un heureuse, fait déjà que quelqu'un vous admire, et motive les gens. une journée agréable, alors commencez à être porteur de ce message d'optimisme, soyez la joie des environnements que vous fréquentez et commencez à attirer des situations positives dans votre vie. Ce sur quoi vous vous concentrez se développe dans votre vie, concentrez vos pensées sur les bonnes choses et commencez à vivre une nouvelle vie à partir de maintenant, sortez des ténèbres de votre passé et suivez à la lumière d'un avenir plein d'abondance et de joie, car vous êtes plus que digne, il est digne d'un avenir grandiose et agréable comme vous rêvez de le réaliser.

Alors allez-y et vivez la vie avec plus de joie et de bonheur, car en ce moment vous ne pouvez pas vivre ce dont vous avez toujours rêvé, mais vous pouvez transformer votre réalité et dans un avenir très proche vivre la vie dont vous avez rêvé.

Pour avoir la vie de vos rêves vous dépendez exclusivement de vous, allez-y croire en votre potentiel et vous pourrez gagner, imaginez que vous êtes déjà sur le podium des champions, voyez si votre rêve est déjà réalisé dans vos pensées, imaginez-vous vivre quoi aujourd'hui c'est juste un rêve et transformez bientôt vos pensées en réalité, il ne tient qu'à vous de changer votre propre destin, et à personne d'autre que vous ne vous inquiétez de changer votre destin, alors allez-y et gagnez, ne vous découragez pas parce que vous êtes capable, ne laissez pas Plus vos rêves juste sur papier ou dans vos pensées, commencez à mettre en pratique, croyez et réalisez, car assez de vouloir et de ne pas essayer, commencez à agir et vous verrez le monde des possibilités surgir pour que votre rêve soit réel.

Leur motivation doit venir de l'intérieur, ils ne doivent pas dépendre de facteurs externes, la peur est utilisée par les lâches comme un moyen de justifier leur vie d'échecs, la peur de risquer quelque chose en échange de quelque chose de plus grand, fait vivre la majorité dans le domaine de réconforter et accepter la vie que vous menez, par conséquent, une petite décision peut avoir un impact important sur votre vie.

Motivez-vous et soyez inspiré, soyez déterminé à commencer, à continuer et à ne pas abandonner jusqu'à ce que vous parveniez à gagner, car la différence qui manque pour que votre vie change est votre attitude à vouloir changer.

Le créateur de l'univers vous a donné le droit de gagner, alors n'attendez pas et gagnez, commencez à créer des opportunités, remerciez ce que vous avez déjà et cherchez ce que vous voulez.

Vous avez des conditions parfaites et la capacité de performer, jusqu'à aujourd'hui vous n'avez pas été disponible ou n'avez pas joué avec dévouement dans vos rêves, donc cela n'a pas réussi, mais le chemin du succès doit commencer par votre disposition, croire et faire votre voyage un nouveau départ, axé sur la concrétisation, alors soyez plus engagé et recherchez votre révolution intérieure.

Ne suivez pas le troupeau, créez votre propre histoire, car chacun a sa propre richesse et a le pouvoir de faire sa propre histoire, ne reflétez personne, soyez vous le miroir de quelqu'un et laissez un héritage, n'attendez pas que l'univers conspire votre faveur pour commencer à agir, regarder en arrière semble absurde les erreurs commises, vous avez passé votre vie accommodé, en vivant une façon de ne pas risquer de ne pas perdre ce que vous avez déjà accompli, vos progrès dépendent de vous essayer de nouvelles voies, risquer plus et ne perdez pas votre motivation pour ne pas retourner dans votre zone de confort, sautez vers le progrès, quels que soient les résultats ratés que vous avez obtenus, essayez de vous réinventer davantage, abandonnez ce qui ne fonctionne pas et commencez à utiliser de nouvelles tactiques.

Changez vos vieilles habitudes et ayez la foi inconditionnelle pour croire que votre rêve est une question de temps, car le créateur de l'univers vous a créé un être infini et créateur de votre propre vie, le créateur de l'univers vit en vous, votre désir d'accomplir est possible car si vous êtes capable d'imaginer ou de rêver quelque chose, il est possible de le réaliser.

Chaque aube est une nouvelle opportunité que vous devez créer et faire du jour le plus important de votre vie, chaque jour que vous vous réveillez merci d'avoir l'occasion de profiter d'une nouvelle journée et lorsque vous vous endormez, remerciez le créateur quoi qu'il arrive le bien ou le mal est arrivé dans votre journée, parce que vous avez eu le privilège de vivre un autre jour.

En vous remerciant, vous renforcez votre intimité avec le créateur de l'univers, et plus votre forme de remerciement est grande, plus il se passera de bonnes choses dans votre vie, après tout, rendre grâce ouvre un nouveau monde de grandes bonnes opportunités dans votre vie.

Chaque jour est un nouveau défi que vous devez être plus proche de votre objectif, ne voulez pas seulement traverser la vie, car alors vous serez voué à l'échec et à une vie désagréable, par contre si vous croyez et combattez votre vie sera génial, chaque instant est le plus important, parce que le passé a disparu et que l'avenir est inconnu, c'est une page blanche, et le moment est donc essentiel pour ouvrir un nouveau lendemain dans votre vie, ne vivez pas avec des gens qui vous décourager, essayer d'être avec des personnes qui réussissent et vous encourager.

Un grand champion subit également une défaite au milieu du chemin, mais le désir ardent de gagner le distingue des autres qui n'ont pas de volonté, ni la volonté d'être une grande personne et de cesser d'être médiocre, les champions puisent une force interne pour rester concentrés sur conquérir, le choix vous appartient, continuer à perdre ou gagner, que ce soit en tant que champion, utiliser les défaites comme processus d'apprentissage et se concentrer sur le dépassement de vos limites, arrêter de perdre du temps à regretter et profiter longue portée pour que vous réussissiez.

Fixez vos yeux sur l'avenir et imaginez que vous avez déjà conquis ce que vous voulez, surmontez l'adversité, n'attendez pas que votre destin vienne par hasard qui est simplement inutile, car le succès n'est pas la pluie qui tombe du ciel, ce qui fera votre succès le vôtre des choix et des attitudes dédiés à faire, transformez-vous en interne, cherchez plus de connaissances pour faire de vous une personne exceptionnelle, et non plus une personne ordinaire, qui ne peut pas ouvrir les portes ou profiter des opportunités qui se présentent.

Pour aller plus loin, vous devez briser les barrières de votre limite, car vous êtes digne de rêver grand et de réussir, de traduire vos désirs en réalisations, de jouer à rendre votre vie impressionnante et totalement différente de celle d'aujourd'hui, pour qu'elle ne devienne pas si lointaine et être réalisé demain, vous ne pourrez pas être le même que vous êtes aujourd'hui, vous devrez penser et agir différemment, avoir une perspective et une vision totalement différentes de la vie, ce sera une indication que votre désir est plus qu'un espoir, c'est possible.

Essayez de mieux vous connaître pour connaître vos limites, gardez un œil sur votre avenir, qui dépend du rôle que vous jouerez désormais, car les gens vivent avec vous depuis des années et ne vous connaissent pas, même pas vous vous connaissez pleinement, c'est le vôtre Il est temps de transformer votre vie, d'apprendre à gérer vos émotions et à penser qui vous êtes, commencez à transformer vos objectifs en actions, puis agissez et commencez à réaliser vos désirs les plus profonds, commencez à abuser davantage de votre audace si vous voulez atteindre de grands objectifs.

Ayez plus de détermination et commencez à vous donner corps et âme, apprenez à mieux gérer en période de pression, ayez un principe et combattez pour vos idéaux, valorisez votre vie à chaque instant, découvrez ce qui est le plus important et non quoi qu'il arrive, ne laissez pas l'incertitude vous décourager, combattez pour ce qui vous intéresse le plus année après année, faites en sorte que chacun de vos rêves s'épanouisse et s'épanouisse.

La vie que vous menez n'a jamais été celle que vous désirez, arrêtez de vivre cette vie irréelle et réveillez-vous pour vivre la vie digne de vos rêves, transformez vos désirs en réalité, arrêtez de rêver et commencez à réaliser.

CHAPITRE 16

ÊTES-VOUS PERDU?

Vous semblez perdu et vous ne savez pas ce que vous voulez vraiment, vous ne saviez pas jusqu'à aujourd'hui comment réussir dans la vie, d'abord vous devez toujours vous donner la priorité, la personne la plus importante dans votre vie est toujours vous, commencez à vous battre courageusement pour vos rêves même si vous traversez des moments difficiles, car il n'y a pas de moment idéal pour commencer, mais chaque moment est le moment idéal pour commencer, n'attendez pas, levez-vous d'où vous êtes et partez à la recherche de vos rêves et idéaux.

Commencez à le regarder d'un autre point de vue et ayez une nouvelle perspective sur la vie, pour avoir la vie incroyable dont vous rêviez depuis votre enfance, ne laissez pas votre rêve périr, ayez l'estime de soi quelle que soit la situation à laquelle vous faites face, contrôlez votre émotion et votre amour si en premier lieu, si vous saviez à l'avance ce que vos actions entraîneraient, vous changeriez pratiquement toutes les attitudes que vous avez déjà prises, mais le passé ne sera pas changé, mais vous pouvez être une meilleure personne et avoir toujours un avenir infiniment épanouissant et réalisable, aujourd'hui, vous ne pouvez que rêver, mais demain vous pouvez réussir, ne laissez pas votre vie hors de contrôle ou par hasard, commencez à vous sentir puissant et prenez un bon départ dans votre vie.

Vous n'avez qu'à gagner si vous croyez davantage en votre potentiel, arrêtez de vous contenter de ne pas réaliser vos rêves et acceptez la façon dont les gens vous traitent, car vous êtes déjà un gagnant et méritez de vivre la vie que vous voulez, parce que vous avez plein le pouvoir de réussir et de vaincre, mais a accepté des miettes, pensant que vous êtes inférieur aux autres, vous avez tort, car la volonté de gagner peut vous faire faire, alors croyez en votre rêve et vivez pour réaliser vos désirs, aujourd'hui même vous ne croyez pas dans votre objectif, car il est plus facile d'abandonner que de persister, mais si vous commencez à agir, vous pouvez réussir et avoir un avenir spectaculaire, acceptez que vous êtes capable et que vous êtes le seul à avoir assez de pouvoir pour changer votre vie. Sortez de votre zone de confort, ne vous sentez plus petit et allez-y pour réveiller le géant qui dort en vous, la victoire n'existe que pour ceux qui persistent et cherchent l'épanouissement, vont à l'encontre de vos conquêtes et ont la vie que vous avez désirée et dont vous avez toujours rêvé. parce que vous le méritez.

Votre vie est précieuse et vous devrez consacrer du temps en échange de ce que vous voulez tant, alors soyez clair sur ce que vous voulez et pourquoi vous voulez réaliser quelque chose pour ne pas perdre de temps dans votre vie, qui est l'un des actifs les plus précieux, qui ne peut pas être récupéré , alors en aucun cas ne perdez plus votre temps, rendez votre vie plus rentable, sacrifiez de petites choses pour obtenir une grande réussite, n'échangez jamais quelque chose de grand contre un moment malheureux, car les moments passent, mais vos grandes réalisations sont alors plus clair et objectif dans les objectifs que vous recherchez.

Soyez résolu et non un créateur de problèmes, soyez pertinent avec un objectif bien défini pour maintenir le désir de réaliser, même si vous prenez une mauvaise décision, mais cela vous rend plus disposé plus tard à rechercher le succès, vous avez besoin de plans pour accomplir et accomplir , Souhaiter est la première étape pour vous transformer d'une personne médiocre à une personne puissante, utiliser vos compétences et votre capacité à agir par une impulsion et ne pas revenir en arrière et rejeter vos pensées, c'est ce qui vous définit que vous soyez petit ou grand , donc si vous vous trouvez incapable, c'est que vous pensez à une personne petite et limitée. Ajustez vos pensées pour générer des taux d'intensité élevés dont vous êtes capable, que vous êtes grand, mais qui est devenu plus petit, réveillez-vous au succès, vos croyances limitantes ont été transmises de génération en génération et façonnent votre façon de penser et par conséquent sa manière d'agir, mais il est temps de rompre les liens et de créer sa propre croyance et son propre paradigme.

Commencez chaque matin en disant que je suis capable, je peux, je peux, je suis à la recherche d'un rêve possible et votre nouveau «je» sera une mise à jour plus prospère et plus en phase avec la prospérité et l'abondance, et bientôt avec détermination et détermination vous réalisera ce dont vous rêvez tant.

Ayez un esprit prospère à partir de maintenant et votre nouvel avenir se présentera avec des fruits et des réalisations, ce qui, il y a des années, semblait hors de portée ou même impossible, mais maintenant vous allez faire arriver l'improbable, et vous portez le sentiment de pouvoir à l'intérieur. vous, souhaitez, pensez que c'est possible et il y a et vous verrez un nouvel univers, libre et indépendant des liens de votre passé, et ne craignez jamais de chercher une vie plus digne avec des résultats surprenants, ne craignez pas la lutte pour un destin, que ce soit comme un courageux guerrier qui commence et va jusqu'au bout de la bataille, ou vous vous battez toute une vie pour un idéal ou vous vous blottissez par peur de prendre des risques et continuera à avoir une vie délicate, et le pire passera aux générations futures, que toute une vie des limitations et des échecs peuvent être dans votre «ADN», mais vous savez qu'il n'est pas vrai que vous et vos successeurs avez le droit et le pouvoir infini de faire de grandes actions et de vivre une vie pleine de grandes réalisations, alors allez-y et gagnez.

De plus en plus de technologie fait vivre plus une vie virtuelle qu'avec un contact personnel, les conversations de plus en plus dans le virtuel et rarement en personne, une opinion publiée sur un réseau social peut provoquer de plus en plus de conflits entre les personnes, parce que dans la vie virtuelle, les gens sont plus courageux et disent ce qu'ils pensent, sans aucune crainte, contrairement à la conversation en face à face, à laquelle la plupart ont peur de faire face, peur de ruiner une amitié ou de générer un conflit immédiatement.

DÉVOUEMENT

Je dédie ce livre au créateur de l'univers qui m'a offert le don d'écrire et à travers les mots motive et montre aux gens que leurs rêves et leurs objectifs sont possibles et que grâce à la volonté et à la détermination, ils peuvent réaliser un rêve.